学びの共同体の挑戦
―改革の現在―

学習院大学特任教授
東京大学名誉教授
佐藤 学

小学館

学びの共同体の挑戦

―改革の現在―

目次

第一部 学びの共同体の現在 ―20年の改革を経て―

第二部 質の高い学びを創造する ―探究の共同体―

第三部 学びの共同体の国際ネットワーク
―変わるアジアの学校―

装丁・本文デザイン・DTP／見留 裕
校正／目原小百合　編集／小笠原喜一
カバーイラスト／岡部哲郎

学びの共同体の挑戦

——改革の現在——

小学館

第一部

学びの共同体の現在

―20年の改革を経て―

学びの共同体の挑戦
―改革の現在―

これまでの歩み

学校を訪問して、子どもたちと教師たちから学び続けて38年が経過した。訪問するたびに自らの非力に絶望し何度もやめかけたが、微力ながらも継続してきてよかったと思う。教室からの改革を希求して歩みだしたのだが、最初の10年間はことごとく失敗した。学校改革にせよ、授業改革にせよ、歴史的に見ても成功事例を見出すのが困難な大事業だから、失敗の連続は覚悟の上だったが、1千校以上も部分的には成功しながらも失敗を重ねて希望が見出せない自分が情けなかった。それ以上に辛かったのは、自分の傲慢さと向き合うことだった。子どもと教師に学び、対等な協力者として関わることに徹したつもりでも、いつの間にか指導者になっている自分の傲慢さがどうしようもなく辛かった。訪問を終えて帰路につく時が何よりも辛く、途中、涙があふれて前に歩めず、立ち止まってしまうことも多かった。

一人残らず子どもの学ぶ権利を実現すること、学びの質を最大限に高めること、一人残らず教師の専門家としての成長を促進すること、そして保護者と市民の信頼と連帯に支えられた学校をつくること、これらのヴィジョンは当初から一貫していた。

しかし、このヴィジョンを実現する学校はどのような学校なのか。このヴィジョンを実現する授業はどのような授業なのか。そして、このヴィジョンを実現する授業研究はどのような授業研究なのか。それらはどう実現しうるのか。すべてが暗中模索であった。学びの共同体の学校改革と授業改革のヴィジョンと哲学と活動システムが輪郭を描きだしたのは、今から20年ほど前からである。

学びの共同体のヴィジョンと哲学と活動システムは、いくつかの源泉を持っている。第一は、社会民主主義の哲学である。社会民主主義の哲学は、ジャン・ジャック・ルソー、バールーフ・スピノザ、カール・マルクス、ジョン・デューイらの哲学が基盤となっている。

第二は新教育運動の革新的伝統である。ジョン・デューイ、セレスタン・フレネ、ジャン・ピアジェ、レフ・ヴィゴツキー、アンリ・ワロンらの影響は大きい。日本の教育改革者の野村芳兵衛、村山俊太郎、佐々木昂、城戸幡太郎、勝田守一の影響も大きい。さらにはデボラ・マイヤーによるアメリカにおける学校改革、そして稲垣忠彦の教育学と授業研究の歩みは、学びの共同体の直接的な源泉となった。

第三は授業研究の伝統である。斎藤喜博の島小学校の学校づくりの経験から始まり、その後の教授学研究の会の取り組みをはじめ、そこから派生した氷上正、田村省三、石井順治と続く授業研究の系譜は、私自身も一員として参加してきたこともあって授業改革の基礎となった。

第四は、諸外国の教育改革の潮流である。1970年代以降のアメリカのオープン・エデュケーション、1980年代以降のアメリカの教師教育改革は、私も協同研究に参加した経験から多くの示唆を得てきた。エリオット・アイズナー、ヴィト・ペロン、リー・ショーマン、ネル・ノディングズ、リンダ・ダーリング=ハモンド、ミルブリー・マクロフリン、ジェイ・フェザーストーン、ジュディス・リトルらとは協同研究の機会に恵まれ、その成果は学びの共同体の理論に組み込まれることとなった。

第五は学問と芸術の諸分野の革新運動である。学びの共同体の改革のヴィジョンと哲学と活動システムの形成において、直接的ではないが、谷川俊太郎（詩）、三善晃（音楽）、如月小春（演劇）、栗原彬と吉見俊哉の社会学、小森陽一（文学）、岡本和夫（数学）、佐藤勝彦（天文学）らから学んだ経験の影響は大きかった。

個人的な経験をたどれば、これらすべての経験と知見が学びの共同体の改革のヴィジョンと哲学と活動システムが形成される源泉となり基盤となっている。学びの共同体の学校改革は「公共性の哲学」「民主主義の哲学」「卓越性の哲学」の三つの哲学を掲げ、教室では「協同的学び」、職員室には「同僚性の構築」、保護者と市民の「学習参加」という活動システムによって実践されている。このヴィジョンと哲学と活動システムの三位一体によって、学びの共同体の学校改革と授業改革は、その独自性を主張してきたのである。

教室が伝えること

学びの共同体の改革が、少しずつ成功の手ごたえを感じ始めたのは20年ほど前である。いくつかの契機が成功の要因となった。一つは「聴くこと」を学びの基礎に据えたことである。もともと学び合いの基礎は「話し合い」ではなく「聴き合い」であることは認識していたが、聴き合う関係が学び合う関係だけでなく、ケアの関係を形成し、さらには民主主義を形成する基礎でもあることを認識したのは、約20年前である。デューイの政治哲学を学び直すことによって、その認識を確かにすることができた。

二つ目は学校改革と授業改革の主体の見直しである。それまで私は、校長と教師によって改革を推進しようとしていた。しかし、子どもを支えることができるのは子どもであり、教室における学びの主人公は子どもであることを教室の事実は教えてくれた。この見直しは決定的であった。学校の改革と授業の改革を達成するためには、子ども一人ひとりを学びの主人公に育てる必要がある。そして、教師が子どもを支える学校であるだけでなく、むしろ子どもによって教師が支えられる学校を創造する必要がある。そうでなければ、持続可能な改革は実現できない。この認識にいたって、どの学校も中断することなく「始まりの永久革命」を遂行することが可能となった。

三つ目は、ボトムアップの改革とトップダウンの改革を結びつける方略である。それまでの私は、ボトムアップによって学校改革と授業改革を推進することしか追求してこなかった。しかし、それは不可能であったし、好ましいことでもなかった。学校の改革と授業の改革はボトムアップで推進されるべきであるが、その改革がトップダウンの改革と結びつかなければ実現することも継続することも不可能である。

四つ目は、授業研究を「教え方」の研究から「学び」の研究へと転換すること、その内容を「評価と助言」から「学び合い」へと転換し、その目的を「優れた授業の追求」から「同僚性の構築」へと転換することである。この転換の見通しとその重要性に気づくのにも、

10年以上を費やした。私自身、院生時代から授業研究に親しんできただけに、授業の見方や協議会の進め方の旧弊が身体に沁みこんでいて、その呪縛から脱皮するのに10年以上を費やしてしまった。「よい授業」「悪い授業」「よいところ」「悪いところ」という見方を脱却して、ひたすら教室の子どもの事実から学ぶこと、そして自分が学んだことを発言し、同僚と学び合うことを授業研究の新しいスタイルとして確立したのである。

改革の現在と課題

１９９８年に茅ヶ崎市の教育委員会と協同で「21世紀型の学校」のパイロット・スクールである浜之郷小学校を建設して以来、学びの共同体の学校改革と授業改革は、全国の教師たちと子どもたちと市町村教育委員会の熱い支持を得て、爆発的に普及し、現在を迎えている。現在、学びの共同体の改革に挑戦している学校は、小、中、高校で3千校以上、各地の約３００校のパイロット・スクールが年間1千回以上の公開研究会を開催している。

日本国内だけではない。２０００年頃からアメリカ、メキシコ、韓国、中国、シンガポール、インドネシア、台湾、香港、ベトナム、タイ、インド、イランなどの国・地域にも普及し、アジア地域における最大の学校改革運動を展開している。

茨木市豊川小学校１年のペア学習。

学びの共同体の学校改革と授業改革は、いくつかの特徴を示している。第一に、授業やカリキュラムや地域との連携など、部分的な改革ではなく、学校のすべてを改革する全体的構造的改革であることである。第二に、中心と周辺が存在しボスが指導する「運動」ではなく、あらゆる学校と教室が中心になり、ボスが存在しない「ネットワーク」であることである。第三に、方式や処方箋ではなく、思想的哲学的実践であり、教育学の実践であることである。第四に、学校と教師の専門的自律性を確立し、学校内外を民主化する改革であることである。

そして現在、私は、学びの共同体の学校改革と授業改革の本領は、一人ひとりを学びの主権者に育てることにあると思う。子どもたちが一人残らず学びの主人公になって活動している教室、教師たちが一人残らず学びの主人公になっている授業協議会は、その思想が体現した姿である。一人も一人にしない教室、一人も一人にしない職員室が、学びの共同体の根幹を支えている。それを実現するのが聴き合う関係を基盤とする学び合う関係であり、絶えず最高の質の学びを追求する「ジャンプのある学び」である。そして、それらを実現する基礎にあるのが「学びのデザインとリフレクション」を遂行する授業研究なのである。

現在でも、学校改革と授業改革の途方もない難しさに呻吟する日々だが、どの学校のどの教室を訪問し観察しても学ぶことは多い。特に最近感じるのは、子どもと教師に対する尊敬の感情である。

私が招かれる学校は、私の想像を超える苦難や苦悩を抱える子どもたちが多数を占める学校が多い。それらの学校で子どもの幸福のために献身的努力で実践を日々積み上げている教師は、私の想像を超える悩みや困難を抱えている。その子どもたちや教師たちが、ほとばしるような笑顔で学びの快楽を表現している。その姿に励まされて、私も学び続けてきたのである。本書は、この学びの共同体の改革の現在と、その挑戦から私自身が学んだ事柄を報告することとしたい。

学力向上のダブル・バインド

一通の手紙から

２０１５年度当初の４月初日、５年間通った中学校長から一通の手紙が届いた。昨年度の第３学年の学力が下がったため、本年度の研修費が打ち切られ、招聘ができなくなったという断りの手紙であった。無念の感情がにじみ出た文面であった。このような手紙を受け取ったのは初めてである。小学校はともあれ、中学校、高校で学びの共同体の改革が中断することは稀である。私の知る限りでは、学校長が独断で警察を導入し、校長と教師、教師と生徒の信頼関係が一挙に崩壊して中断した事例が2件あるのみである。学びの共同体の改革を推進する学校は、ほぼすべての学校で学力向上を達成しているため、今度の事例は例外中の例外と言えなくもない。

事実関係において、同校が私を招聘できなくなった事情はより複雑である。実際には、同校が学びの共同体の改革を推進した結果、数年前に学力は飛躍的に向上して県でトップレベルに到達した。しかし同時期、新しい教育長が赴任し、校区の小学校では「学力向上」を掲げて徹底したドリル学習が実施された。その結果、小学校の学力は一時的に向上したものの、子どもたちが荒れ、高学年では学級崩壊が続出した。そして学級崩壊を繰り返した最も困難な学年の生徒たちが中学校に入学し、その学年の生徒たちの学力が前年度までは県下トップレベルにあった学力を下げてしまったのである。

昨年度の訪問で見る限り、同校の改革は画期的な成果をあげていた。最も困難と言われた第3学年の生徒たちが入学時と比べると見違えるような成長をとげていた。もちろん、学力水準も、上級学年のレベルには達しなかったものの、着実に向上していた。その結果が上記の結果なのである。

おそらく、同様の状況はもっと深刻に全国の学校で起こっているだろう。「学力向上」は、学校教育の目的ではなく結果である。公教育の目的は「学力向上」にあるのではない。公教育の目的は、一人残らず子どもの学ぶ権利を実現し、その学びの質を高め、民主主義の社会を準備することにある。この目的が忘れられ、「学力テスト」の数値だけで学校が評価され、地方教育委員会の財源が配分されている。深刻な学級崩壊を繰り返して苦しみ抜いて、そこから脱却したあの学年の生徒たちの成長は、市の教育長や教育委員会によってどのように評価されたのだろうか。自暴自棄になっていた生徒たちを励まし支え、日々授業実践の改善に献身的に努力して一人残らず学びの主人公にまで育て上げた同校の校長や教師たちの実践はどのように評価されたのだろうか。この学年の生徒たちが3年間で著しく成長し学びの希望を恢復したことの方が、そして教師たちがこの困難な事業を達成したことの方が、この学年の学力試験の結果が上級学年よりも落ちた事実よりも評価に値するのではないだろうか。

学力向上を支えるもの

上述の苦々しい思いは、今、日本中の教師たちが実感している事柄だろう。ここで重要なことは、「学力向上」をめぐる上述のような矛盾は、社会的、経済的、文化的困難を抱えている地域の学校でより多く派生していることである。「学力向上」を至上目的とする人々は、その想像力を欠落させている。

先の手紙の文面がまだのどに突き刺さった魚の骨のように感じられる4月22日、学びの共同体のスーパーバイザーの馬場英顕先生と一緒に相模原市上溝南中学校（齋藤敦校長）

上溝南中学校の授業風景。

を訪問した。同校への訪問は3度目である。3年前、同校を最初に訪問した時の衝撃を思い出す。当時の稲葉茂校長が提示した1年生の標準学力テストの成績一覧表である。偏差値が全国平均と比べて著しく低いことにも驚いたが、それよりも10段階の成績分布を見ると、1の生徒数が最大であり、9、10はゼロ、1から7まで一直線で下降する分布である（通常は5を中心に正規分布になるはずである）。これまで多くの学校で深刻な低学力の実態を示す表を見てきたが、1から7にかけて一直線に下降する表を見たのは初めてである。事実、入学当初の生徒たちの実態を観察すると、すさまじい低学力もさることながら、他者の声をまったく聴けない生徒たちの事実に驚かされた。

同校の改革は、稲葉校長と齋藤教頭のコンビネーションと教師たちの同僚性によって着実な前進をとげてきた。昨年、同校を2度目に訪問した時は、まだ3年生は何かと事件を繰り返していたが、件の学年の2年生は落ち着いて学びに取り組めるようになっていた、同校の不登校生徒は3分の1以下に激減していた。さらに驚いたことは、わずか1年で、件の学年（この時は2年生）の標準テストの成績は、偏差値の数値で6も向上し、1から7にかけて一直線に下降していた成績分布は5を中心とする正規分布に近い形へと激変していた。わずか1年半の変化である。

そして今年の訪問である。学校に到着するとすぐ、すべての教室を参観した。期待通りの前進である。同校に通う生徒たちの多くは、貧困、家庭崩壊、親の虐待など、さまざまな困難を鞄に詰め込んで通ってくる生徒たちである。したがって、他の学校と比べて暗い翳りを表情や身振りに秘めた生徒たちが多かった。その生徒たちが明るい表情へと変化している。ほとんどの生徒たちの表情や身振りから翳りが消えていた。そしてやわらかで自然な声と所作が感じられるようになっていた。そのことが何よりも改革の進展と教育の質の高さを物語っている。

その秘密は教師たちの研修と成長にあった。教師たちの変化も顕著である。この4月に着任した教頭はこう語った。「数学の授業で紙をわたすと飛行機を折る生徒がいて、かつての自分であればカッと怒りの感情がわいたのだけれど、この学校では、わからない生徒の哀しみが伝わり愛おしさが感じられる。そういう教師の変化を生み出す文化が、この学校にはある」。至言である。

事実、教室を参観すると、どの教師もつぶれかける生徒にはいち早く「がんばろう」と傍らに言って声をかけ、つまずいて悩む生徒は一人にならないようにつないでいる。そして、授業の早い段階でグループ学習を導入して生徒たちの学び合いを促し、どのグループの机も隙間がないようにきっちりと詰め、机の上の筆箱がグループ間の交流を妨げないように脇に移している。細やかなのである。

そして、グループの学び合いが始まると、無駄な動きと言葉を慎んで教室の前の椅子に座って見守り、それでいて必要最小限の支援を行っている。誰もが安心して学び、生徒たちが一人残らず学びの主人公になって学びに専念できる環境が生まれている。

4月だというのに、入学して2週間しか経ていない1年生の協同的学びも素晴らしかった。驚くべきすばやい成長である。そこには秘密があった。入学して最初の授業で、2年生の生徒たちが授業を公開し、新入生たちと新たに着任した教師たちに学びの共同体の授業をモデルとして提示したのだという。

学びの共同体のめざすもの

同日の午後、校外からも多くの参観者を迎えて、提案授業と授業協議会が公開された。提案授業は、ベテランの島田尚史先生による国語の授業「握手」（井上ひさし）、3年1組の生徒たちを対象とする授業である。島田先生は、提案授業を行うにあたって、3年前の入学時に困難を抱えていた生徒たちを最も多く抱える3年1組を選んでいる。生徒たちの成長を讃え、その姿を参観者に示したかったのだろう。

島田先生の期待に応えて、生徒たちは実によく助け合い、真摯な学びを展開した。授業において島田先生は、最初の10分間でたっぷりとテクストを読ませたうえ、文中の「それよりも」という表現に込められた意味について最初のグループ活動、「あのときは自重しましたが……」の「……」に込められた言葉について2度目のグループ活動、そして「顔は笑っていた」の笑顔の意味について3度目のグループ学習を組織した。テクストの言葉を中心にした絶妙の課題のデザインである。そして、グループ学習の途中、援助を必要とする生徒とグループに対して機を逸しない最小限の支援を行っていた。

まだ行間を読み描き切れない生徒も多く、「読み深める」という島田先生の所期の狙いに即してみれば、生徒たちの学びは不十分さが残った授業であったが、この教室の生徒たちの姿から私は多くのことを学ぶことができた。そして、3年間にわたる生徒たちの成長の秘密の一端をこの授業によって知ることができた。

まず印象深かったことは、さまざまな困難を抱えている生徒がクラスの3分の1以上も存在しているにもかかわらず、どの生徒も安心して笑顔で学びに専念していることである。その秘密の一つは「聴き合う関係」がしっかりと根付いていることである。どのグループにおいても意見の交流を行う「話し合い」ではなく、一人ひとりの疑問やわだかまりから出発して探究し合う「聴き合い」が行われている。つぶやきと気づきの交流が学び合いを生み出しているのである。素晴らしい協同的学びである。もう一つの秘密は女子の生徒たちの素晴らしさである。どのグループにおいても女子が活躍し、女子が笑顔で仲間に対する細やかなケアを行っている。このケアと学びの関係が、3年間のこの学年の著しい成長を実現してきたのである。

くしくも、この日は、全国学力テストの実施日の翌日であった。その結果は期待通りであろうが、この生徒たちの学びの事実と比べれば、どうでもよいことである。

質の高い学びを求めて

新たなネットワークの形成へ

学びの共同体の学校改革と授業づくりは、新しい段階を迎えている。全国に300校以上存在するパイロット・スクールのうち、最初のパイロット・スクールは2015年現在、18年目を迎え、多くのパイロット・スクールが10年近くあるいはそれ以上、改革を持続させている。しかも年々、改革に挑戦する学校は増え続け、東京都の多くの区内、大阪市内、徳島県を除けば、全国ほぼすべての地域に複数の改革の拠点校が生まれ、一年に1千回以上の公開研究会が開催されている。

学びの共同体の改革の一つの特徴は「運動」による改革ではなく「ネットワーク」による改革であることにある。「運動」は中心を生み出し、ボスを生み出し、画一主義を生み出す。学びの共同体の改革においては、すべての学校とすべての教室が中心であり、すべての教師とすべての子どもが主人公であり、ボスは存在しない。学びの共同体のネットワークは、あらゆる境界を越境して学びの主権者が連帯する「学びの共和国」(Republic of Learning) でもある。「学びの共和国」は、ヴァーチャルな「共和国」であるが、教室にも成立し、学校にも成立し、地域にも成立し、国境も超えて成立している。

２０１５年度も、それらの学校と教室を行脚する日々が始まった。４月から５月にかけて訪問した学校は、中国の上海市と浦東市の学校、台湾の台南市、台東市、宜蘭市、台北市の学校、埼玉県所沢市の学校、東京都東久留米市と港区の学校、神奈川県相模原市と茅ヶ崎市の学校、中国の重慶市の学校、三重県菰野町、鈴鹿市、尾鷲市、紀宝町の学校、長野県中野市、松本市、木島平村の学校、そして茨城県牛久市の学校である。ここでは三重県の諸学校を訪問して学んだことを中心に報告しよう。

４月24日と25日、新年度が開始して２週間しか経ていない鈴鹿市鼓ヶ浦中学校（池田憲彦校長）と菰野町の八風中学校（北口幸弘校長）を訪問した。鼓ヶ浦中学校は初めての訪問、八風中学校は２度目の訪問である。鼓ヶ浦中学校は、35年前から27年前まで私が住んだマンションから徒歩で10分のところにある。同校は、そのころから「荒れた中学校」として知られていた。学びの共同体の改革が着手されたのは３年前、前校長の金丸勝実校長が着任し改革が開始された。スーパーバイザーとなったのは、小牧市応時中学校元校長の倉知雪春さんと私の大学院の教え子である長澤貴さん（鈴鹿短期大学准教授）である。改革は成果をあげ、短期間で多かった不登校と問題行動は激減した。深刻だった低学力も、2年目には言語能力で全国平均を大きく上回る結果を導いた。

同校の研修は三つの柱で表現されている。「(1)日常的な授業の開き合い、学び合いを進めます」「(2)教科部会を活用し、学びの質を高めます」「(3)実践校視察を積極的・効果的に実施します」の三つである。同校の研修の素晴らしさは、さまざまな困難を抱えた生徒一人ひとりを誰も一人にしないで、「教師が引き受ける」⇓「子どもたちが引き受ける」⇓「子どもが変わる」という筋道で、授業の中で徹底して支えてきたことにある。それを実現するために、教師一人ひとりが年間3回授業を公開し、一人ひとりの生徒の学びについて精緻な観察と協議が行われてきた。この事例研究会を行っている時、廊下ですれ違った生徒から「ありがとうございます」と声をかけられたという。それほど、同校の教師と生徒の信頼関係はあつく、生徒の学び合いと教師たちの学び合いは響き合っている。

すべての教室を観察したが、どの生徒も真摯に学びに向かい、笑顔を交わしながらジャンプの学びに取り組んでいた。この日は渡邊祥啓さんの「枕草子」（2年）、池端直哉さんの数学（3年）、服部文哉さんの「世界恐慌」（3年）の提案授業と授業協議会がもたれた。

同校は若い教師が多いが、ベテランと若手の学びのコンビネーションが素晴らしい。鼓ヶ浦中学校と八風中学校と津市の朝陽中学校は、学校間の改革のネットワークを形成している。同日の夜、3校の校長に加え、津市、桑名市、岐阜市の校長を含む15名で懇親会が開かれた。各学校における学びの進展を聴きながら、校長たちの熱い連帯に励まされた。

翌日、訪問した八風中学校においても貴重な体験をした。同校は、学びの共同体の改革に着手して6年。途中紆余曲折はあったが、北口校長のリーダーシップと長澤さんの支援によって安定した発展をとげ、どんな生徒も学びの主人公に育てる授業を実現している。

同校の改革の成果を物語る象徴的な出来事に遭遇した。今年同校の第1学年には、小学校の担任を何人も病院に入院させ辞職に追い込んだという「困難をきわめる男子生徒」が入学してきたという。教室を参観して、すぐその生徒は識別できた。しかし、この男子生徒は、どの授業においてもグループの仲間に支えられ、誠実に学んでいる。生徒たちが彼をまるごと受け入れているのである。

第2限の家庭科の授業の時、そっと彼の後ろに近づいて、はっと驚いた。隣の女の子が片手を彼の背中にあて、彼が心静かに学べるよう支えているのである。しかも、この女の子は決して学力が高い生徒ではない。むしろ逆であった。もろさを抱えた生徒同士がお互い支え合って学び合っている。それにしても、入学してまだ2週間だというのに、生徒たちはもう学びの共同体の思想を身につけているのには驚かされる。学びの共同体によって築かれた学校文化は、このようなケアと学びの関係を可能にしている。

質の高い学びの創造へ

5月15日と16日、紀伊半島を南下し尾鷲市尾鷲中学校（五味正樹校長）と紀宝町井田小学校（吉川佳男校長）を訪問した。どちらの学校も今年度、新たな校長を迎え、新たな出発をとげていた。尾鷲中学校に新たに着任した五味校長は、校内暴力で全国を震撼させた尾鷲中学校事件（１９８０年）の年に新任として赴任し、12年間同校の改善に尽力した経験をもっていた。当日の朝、五味校長は、当時を振り返って「あまりに学校が厳しくて、何度も教師を辞めようと思った」と語った。私も同年、三重大学に初任で赴任し、尾鷲中学校を2度訪問し、自らの教育学が何一つ意味をなさない現実に直面して「教育学を捨て、海外留学でもして他の学問に転向したい」と思い悩んでいた。それほど尾鷲中学校の衝撃は、五味校長にとっても私にとっても大きかった。その尾鷲中学校が、前校長の神保方正校長を中心とする教師たちの改革によって奇跡のように蘇っている。五味校長は、神保校長の5年間にわたる学びの共同体の改革の初年度に教頭として務めていたが、その時期と比べても「奇跡のような変化」だと語る。

紀伊半島南部の学校改革と授業改革の前進は、井田小学校元校長の武村俊志さんの尽力によるところが大きい。その武村さんとともに紀南地域の改革に貢献した二村直司教育長とともに、同校のすべての教室を訪問した。同校の改革を6年間にわたってつぶさに見てきた私自身も「奇跡のようだ」と思わずにはいられない。五味校長と、お互い辞めないでよかったねと笑顔を交わし合った。振り返ると、あの事件が五味校長を卓越した教師に育て、私の教育学を根っこから転換させ鍛えてくれたのである。

翌日、武村さんと一緒に井田小学校を訪問した。井田小学校も6年目の訪問である。最初に訪問した時の印象を忘れない。3年生の教室で観察した算数の授業では、32×16の計算で27人の子どもたちが26通りの答えを出していたのは衝撃的だった。それほどの低学力の実態の衝撃と、それでも自分の正しさをめいめいが主張する素朴さに潜む可能性に目を見開かされる思いがした。3年前の提案授業「ごんぎつね」のシーンも鮮烈だ。同校で最も家庭的な不幸を背負っている理恵（仮名）が、最後の場面の授業が終わった時につぶやいた一言「違っているかもしれないけど、加助の言葉を聞かなければ、ごんは死ななくてすんだんじゃないかなあ」をめぐって、終わるはずの授業がふりだしにもどって学びが再

井田小学校の岩本学級（6年）のグローブのデッサン。

燃したのである。そういう学びが同校では育まれてきた。

井田小学校の素晴らしさは、子ども一人ひとりを主人公にする授業づくりに夢中になっている教師たちの同僚性である。この日も、5年生の向井孝太郎さんの教室の国語の授業と6年生の岩本拓志さんの図工「グローブのデッサン」と算数「円の面積」の授業を見て、その学び合いの質の高さに驚嘆した。向井さんは若い教師、岩本さんはベテランの教師である。その二人が、若さとベテランのそれぞれの味を出して、学び上手の子どもたちを育て、質の高い学びを創造している。岩本さんの「グローブのデッサン―デューラーに学ぶ―」は、どの子もデューラーのデッサンを彷彿させる観察眼と表現力を示していたし、算数のジャンプでは「中学生レベル」の高度の問題を協同の探究によって一人残らず解決していた。

　今年退職を迎える山上智英さんの提案授業「角の大きさ」は、二つの三角定規の組み合わせでできる10通りの角度を求める興味深い学びのデザインによって、つまずく子どもたちから多くのことを学ばされた。教師たちの協議会の内容も絶品である。山上さんは、かつて緘黙の女の子（現在6年生）と1年間にわたって「交換ノート」を続け、その子を緘黙から救済した。それほど子どもへの細やかな愛情を注ぐ教師である。その女の子は、今岩本さんの教室で、いつも明るい笑顔で積極的に発言して仲間と学び合っている。

　井田小学校と尾鷲中学校への訪問は、改めて学校の可能性と教育の希望を私に教えてくれた。同校の子どもたち、教師たちは、この6年間、数えきれないほどのドラマを演じてきた。その小さな物語の集積が、この二つの学校の現在をかたちづくっている。

小学校における協同学習のイノベーション

革新の様相

「アクティブ・ラーニング」の方向を文部科学省が宣言した2014年末以来、小学校、中学校、高校において小グループの協同学習が活気を帯びている。しかし、「アクティブ・ラーニング」の活発化によって質の高い学びは実現されるのだろうか。現況を見る限り、逆の方向を危惧せざるをえない。現在、活況を呈している「アクティブ・ラーニング」は、心理主義的な能力やスキルにおいて具体化され、この標語による授業改革は教え方の技術や方式として普及しているからである。

その端的な現象が「グループ学習=話し合い」あるいは「グループ学習=教え合い」と短絡的に捉えられていることである。「話し合い」には学びがない。なぜならば、「話し合い」は既知の事柄の交流であるが、「学び」は未知の事柄の探究である。「教え合い」も効果が疑わしい。「教え合い」はそれ自体が一方向的な権力関係であり、できない子は、先生や仲間たちが教えてくれるのを「待つ子ども」になってしまう。どの教室にも「待つ子ども」は少なくない。わからなくなると、黒板の文字をひたすらノートに写しとっている。この黒板の板書をひたすら写して「待つ子ども」たちは、すでに転落の一歩を踏み出したと言ってよい。

学びの共同体における「協同的学び」は、「話し合い」でもなければ「教え合い」でもない。「聴き合う関係」であり、わからない子が「ねえ、ここどうするの？」という問いから推進される「学び合い」である。その要素は三つある。「聴き合う関係」であり「ジャンプのある学び」であり、「真正の学び」である。この三つの要素によって実現しているのが、学びの共同体における協同的学びである。この3要素による理論的枠組みによって、学びの共同体における協同的学びは「奇跡的な成功」の実践の事実を創造している。

授業が開く子どもの可能性

2015年6月20日、福岡県みやま市大江小学校を訪問した。校長は藤木文博先生、10

年以上も前に40代の若さで校長になり、以来、県内の二つの学校で「学びの共同体」の学校づくりに挑戦した経験を有している。この数年藤木先生は教育委員会の仕事を行っていたが、昨年、大江小学校の校長として着任し、教師たちと学びの共同体の改革に挑戦してきた。同校の研究主題は「聴き合いの授業づくり」である。

大江小学校に着任した藤木校長は、ただちに「学びの共同体」の学校改革のヴィジョンを教師たちに提示し、大分県別府市の青山小学校などのパイロット・スクールにすべての教師を派遣して、「聴き合いの授業の基礎・基本」のパンフレットを作成した。そこには、学びはそれ自体協同的学びであること、「居心地のよい協同の学び」を生み出す「コの字型」の机の配置、ペア学習とグループ学習の組織の仕方、「子どもたちに言い続けること」として「わからないときは『ねえ、ここどうするの?』と仲間に問いかけること」と「友達の発言は最後まで聴き、そのことについて考え続けること」、さらに「教師の成長」としてジャンプに挑戦することなど、これまでの学びの共同体の学校の実践において達成している要目を簡潔に、しかも理論的に裏付けて提示した。さすが、藤木校長である。わずか7ページのリーフレットであるが、学びの共同体の実践の要諦が過不足なく簡潔に表現されている。校長のリーダーシップにおいて最も重要なことが、改革のヴィジョンの提示だが、これほど的確なヴィジョンの提示は、あっぱれと言うほかはない。

学び合う大江小学校の子どもたち。

わずか1年余りの挑戦であるが、どの教室のどの授業も高いレベルに達していた。大江小学校の教師たちはベテランが多く、しかも授業に関する知識や技量において優秀である。しかも同僚性も着実に育っている。すべての教室を参観した時の第一印象である。

今年の研究は「ジャンプの課題づくり」である。この判断も的確である。同校の教師たちの優秀性と同僚性の確かさを基盤として「ジャンプの学び」のデザインとリフレクションは、同校の学びの質を一挙に高めることになるだろう。すでに同校では学びのデザインの手引きとして「算数科《共有・ジャンプ問題集》」を作成していた。

午後の提案授業は、須崎恵実さんの5年国語「世界でいちばんやかましい音」であった。須崎さんはベテラン教師であり、テクストの音読を12分間行った後、グループで個々の読みの交流を行って鍵となる言葉「身を乗り出して」「まったくの沈黙」「生まれて初めて」という王子様の行為を浮き上がらせる言葉のイメージ化が追求された。後半のジャンプの学びは「街の人」から見えた王子様の姿のイメージの交流である。この授業の素晴らしいところは、何度もテクストの音読にもどし、臨機応変にグループにもどし、テクストの言葉と言葉をつなぐ作業を子どもたちに求めていることである。通常、文学の授業において教師たちは子どもの発言をつなぐことに夢中になっているが、須崎さんは、テクストとグループへの「もどし」を何度も行い、テクストの言葉のつながりを焦点化することによって、子どもの発言はおのずとつながりを生み出していた。文学の読みにおいてテクストとの対話を中軸に据えれば、子どもの発言は「つなぐ」のではなく「つながる」のである。

真正の学びを求めて

7月15日、スーパーバイザーの秋山芳郎さんとともに鳥取県日吉津村日吉津小学校（金田和寿校長）を訪問した。米子地方の訪問は初めてであり、教育長をはじめとして多くの教師たちが参加する公開研究会となった。日吉津小学校は村で一つの小学校、その条件もあって全教室が冷房を完備し、すべての教師がバスをチャーターして近隣のパイロット・スクールの視察を行っていた。大江小学校もそうであったが、百聞は一見にしかず、全教師でパイロット・スクールの視察を行うことは学校改革において最も有効な方法である。

同校は学びの共同体の学校づくりを開始して3年目を迎えるが、どの教室においてもわずか2年間の取り組みとは思えない質の高い学びを実現していた。さすが秋山さんが「一押し」として推薦してくれた学校である。研究主題は「学び合う楽しさを実感する児童の育成」であり、その趣旨はどの教室の子どもたちの姿にも具現していると思われた。

午後の提案授業は、大谷紗央里さんによる6年算数「比とその利用」、ジャンプの課題では、「ある三角形（その一つの辺AEは12㎝）を六つの面積の等しい三角形に分割した時、その一つ分の頂点を通る三角形の辺AEは何㎝になるか」という問いである。三角形を分割する比と分割された三角形の比を求める問題で、かなり高度である。期待通り、子どもたちは夢中になって小グループで学び合っている。これは算数教材において数学的な真正の学びを追求した好例であろう。

ジャンプの学びを真正の学びとして追求する小学校の授業づくりが拡大していることは素晴らしい。7月18日と19日の茅ヶ崎市浜之郷小学校（谷口克哉校長）の湘南セミナーの四つの実践報告、および7月24日の茨木市豊川中学校区の夏の授業研究会の小学校の二つの実践報告は、いずれも小学校における真正の学びの奥深さを示していた。

湘南セミナーで報告された濱田淳志さんの3年理科の「花の色の不思議」は、まず12種類の花の写真が提示され、子どもたちがそれぞれ自分で作成した「花の図鑑」に沿って名前と分類を行った後、花の色に着目し、虫が認識する花の色を紫外線写真で示して、花の色によって寄ってくる虫が異なることを発見するという興味深い学びを組織していた。素晴らしい教材研究であり、学びのデザインである。

内野有加里さんの2年国語「スーホの白い馬」の授業では、何度もテクストにもどしてたっぷりとテクストの言葉との対話を熟成させる授業であり、ペア学習の素晴らしさと総計23分間もテクストの音読を行ってテクストの言葉の読みにおける「個と個のすり合わせ」を実現した学びの素晴らしさが参観者の感動を呼んだ。2年目の教師である内野さんの成長は著しい。

堀宏輔さんの5年図工「泥絵」の実践は、クレーやカンディンスキーやミロのような現代アートの世界を「泥絵」で表現していた（拙著『学び合う教室・育ち合う学校』を参照）。また、この日、ゲストとして実践報告を行った岩本拓志さん（三重県紀宝町井田小学校）の5年算数「比べ方を考えよう」は圧巻だった。もの静かな岩本さんの教室で弾けるように学び合う個性豊かな子どもたちの姿は鮮烈な印象を与えた。私が紹介した岩本さんのこの教室の子どもたちの描いた「グローブのデッサン」のスライドは参観者たちに「すごい」という感嘆の声をあげさせた（30ページ参照）。

茨木市の郡山小学校の2年目の教師渡辺先生の国語「ふろしきはどんなぬの」という説明文の授業では、共有の学びでふろしきの「不思議」を三つあげさせる共有のペア学習を行った後、「ふ」「ろ」「し」「き」の4文字を頭にする文章を作文して、このテクストを翻案する文章作成を行っている。ジャンプの学びのデザインが素敵である。何より、このクラスの子どもたちのペア学習は絶品である。さらに豊川小学校6年の「長篠合戦図屏風を読む」の授業も、屏風の全幅コピーをグループごとに細かく読み解く真正の学びの魅力を開示する実践報告であった。

小学校の教室で高いレベルの真正の学びが続々と生まれているのは、「アクティブ・ラーニング」がブームになっている現在、とても貴重である。この新たな動きに授業改革の未来を託したい。

福島県の学校改革

―静かで確かな歩み―

復興への歩み

２０１５年９月の第１週、福島県の三つの学校を訪問した。白河市表郷小学校、須賀川市第三中学校、そして二本松市渋川小学校の３校である。福島県の学校は、かつては郡山市金透小学校を中心として、会津若松市の小学校、三春町の小学校などを訪問してきた経緯があるが、３・11東日本大震災以後は、白河市の表郷小学校と須賀川市第三中学校、そして昨年から二本松市渋川小学校を訪問してきた。いずれも、震災と福島原発事故の被害が甚大だった表通りからは離れた地域に存在する学校だが、それぞれに困難を抱えた学校であった。表郷小学校は農村地域にあって風評被害と低学力に苦しんでいた学校であり、第三中学校は校区に県営住宅と市営住宅をいくつも抱え、複雑な社会文化的背景を鞄に詰め込んで通ってくる生徒たちの多い学校であり、渋川小学校も低学力と荒れに苦しんだ学校であった。それらの学校が震災と原発事故という二つの災害に襲われ、その絶望から再生の道を切り拓いてきた。

２０１３年、日本学術会議の第一部部長（人文社会科学）として福島原発事故の調査で浪江町を訪問した時の光景は一生忘れることはないだろう。3月11日から時間が停止したままの風景、人が一人もいない街並み、雑草で埋め尽くされ漁船が今も放置された田畑、倒壊した家屋、窓ガラスも机も椅子も流されて漂流物が堆積した校舎の午後2時46分で止まった時計、倒壊しなかった家屋はネズミと野生化した豚の棲み処となり、見渡す限りの広域が「復興」や「復旧」が何万年かけても容易ではないことを伝えていた。この光景が心に焼き付いた時、私は福島の教師たち、子どもたちを教育によって支援することを誓ったのである。

その絶望的な風景に希望をもたらしてくれたのは子どもたちだった。震災直後から、どの学校に行っても、子どもたちの表情に笑顔が途絶えることはなかった。子どもだって大人と同様、あるいはそれ以上の哀しみを抱え込んでいるというのに、子どもたちは学校で明日に向かって歩みだしていた。震災直後のいくつかの小学校、中学校の卒業文集を取り寄せて読むと、どの子どもも崩壊し解体した地域の再興のために学び生きてゆくことの意志が綴られていた。どの一人の子どもも地域を捨てず、自分に連なる人々の幸福のために生きることを誓っていた。絶望が深いからこそ、子どもたちは希望の言葉を紡ぎ出していたのである。

福島県の教師たちも尊敬に値する。子どもが激減したために、震災の年の教員採用は行われず、人手不足の中で教育の復興と地域の復興のために献身的に働いてきた。震災の2年目から市役所や町役場の職員と教師の中に精神疾患や病人が増えたのは無理もない。

それでも表郷小学校、第三中学校、渋川小学校の教師たち、白河市教育委員会、須賀川市教育委員会、二本松市教育委員会の方々と震災や原発事故のことを話すことは少なかった。原発事故直後は、子どもの放射能汚染の心配から必要最小限の事柄を話し合ってはきたが、つとめて普通の学校訪問と同様の関わりを堅持してきた。私に担うことができるのは、学校改革と授業づくりを支援し連帯することしかないからである。その関わりを教師たちも教育委員会の方々も尊重してくださったことが嬉しい。

学校は「第二のホーム」

表郷小学校、第三中学校、渋川小学校を訪問して何よりも素晴らしいのは、どの一人も一人にせず、どの一人も排除しない教室が、すべての教室で実現していることである。誰もが安心して学びに夢中になれる学校が実現している。さらに年を追うごとに子どもたちの表情は明るくなり、温かく穏やかな関係の中で快活に学ぶ子どもたちの姿がどの教室にもあふれている。もちろん、この事実は、もろくも崩れそうな危機を抱えながら、それに抗いながら成立している。それだけに教師たちも子どもたちも、日々の行動や言葉の細やかさと丁寧さを大切にしているし、辛い時も笑顔を交わし合う絶妙の心遣いがゆきとどいている。学びの共同体の改革は「聴き合う関係」を基盤としているが、この「聴き合う関係」が一人ひとりを尊重し合い、一人ひとりがケアしケアされる関係を生み出しているのである。

この三つの学校、そして多くの困難を抱える地域の学校を訪問するたびに学んできたことは、学校は「第二のホーム（second home）」にならなければならないということである。人は「ファミリー」（家族）がなくても生きていけるだろうが、「ホーム」（身と心のよりどころ、わがままが言え依存することが許される場所）がなければ生きていけない。これだけ多くの子どもたちが貧困や家族の崩壊と将来の不安の中に投げ込まれている時代において、学校は日々の学びを通じて「第二のホーム」になるべきなのである。そのことを、福島県の三つの学校は教えてくれる。

学びは子どもの人権の中心であり希望の中心である。一人残らず学びを保障し学びの希望を育てることが学校の中心的な使命である。その学びが競争的な学びであるならば、決して学校は「第二のホーム」にはなりえないだろう。競争的な学びは一人ひとりを孤立させ、学校を「生存競争の戦場」へと変えてしまう。表郷小学校、第三中学校、渋川小学校は、聴き合う関係による夢中になる学びが教室を「第二のホーム」へと変え、学校を「協同の共同体」へと変えることを示していた。

協同による質の高い学びの創造へ

表郷小学校、第三中学校、渋川小学校の公開研究会には、それぞれの市内から100名から300名ほどの教師たちが参加していた。この3年間の取り組みによって、3校の改革は近隣の学校の教師たちの信頼と期待を背負うものへと発展している。この三つの学校が、やがて福島県全体の学校を変える推進力になることはまちがいないだろう。

この3校の改革の歩みは、他の全国の学びの共同体に取り組んでいる学校と同様の歩みを示している。まず荒れによる事件がほぼ皆無となり、不登校が激減し（たとえば第三中学校では16名いた不登校生徒が2名に激減）、一人残らず子どもたちが学びに夢中になり、

渋川小学校の授業風景。

ジャンプの学びをどの子どもたちも大好きになり、その結果、学力も飛躍的に向上する（副次効果として、学校の文化芸術活動、運動部の活動も市内トップレベルに向上する）。

表郷小学校の場合、改革を開始して2年目の昨年度から成果が顕在化してきた。同校の最大の悩みは低学力にあったが、改革前と比べると各教科とも10ポイント程度の向上が見られるようになった。来年度は、もっと飛躍的な向上が達成されるだろう。

第三中学校の場合は、改革の初年度において問題行動と不登校生徒が激減し、2年目に各教科20点近い学力の向上を達成した。そして3年目の現在、どの教室にも明るい笑いと学びへの専念と細やかなケアの関わりが実現している。

改革4年目の渋川小学校では、3年次そして今年4年次において学びの共同体の学校に共通する飛躍的な学力の向上が達成された。

4年前に同校の改革に着手したのは菅野《かんの》哲哉校長である。菅野さんは18年前からの同志である。菅野さんは、東北地方で最初の学びの共同体のパイロット・スクールとなった郡山市金透小学校の研修主任であった。彼の理科の授業は圧巻であり、彼が授業を公開する研究会には県内外から500名から800名の教師たちが参加してきた。その菅野さんを育てた校長たちも今、須賀川市、二本松市において学びの共同体の改革を応援し支援している。郡山市の小さな小学校で蒔かれた種が、今、県内各地の学校で芽を出し花を咲かせている。その一端を菅野さんは担ってきた。

渋川小学校において菅野校長のもとで開始された改革は、彼が異動した後も新たに赴任した女性の菅野《すがの》校長のもとで引き継がれた。4年前に校長に赴任した菅野さんは、あまりの学校の惨状に絶句したという。騒々しい教室から飛び出し荒れる子どもたちと全国平均と比べて各教科10点から20点近くも低い学力の現実。その現実から改革はスタートした。

菅野校長は、私が到着すると同時に「先生のおっしゃるとおりの奇跡が起こりました」と、全国学力テストの結果を示した。一緒に訪問した菅野さんは同校のコンピュータの記録をプリントし、3年間の学力テストのデータを全国平均を基準として比較した。算数Aでは28・5点の上昇、算数Bでは25・6点の上昇、国語Aでは26・1点の上昇、国語Bでは13・5点の上昇を示している。今年度初めて導入された理科の結果も全国平均を5点近く上回っていた。他の学びの共同体の学校と同様、この3年間にわたる学力の向上は、2年次にはB問題（発展的学力）の飛躍として現れ、3年次においてA問題（基礎的学力）の向上へと連なっている。まずB問題の発展的学力が向上したうえで、A問題の基礎的学力が引き上げられるという変化は、学びの共同体の学校に共通する特徴である。渋川小学校は、この点でも学びの共同体の改革の典型と言ってよいだろう。

しかし、福島県の学校改革と授業づくりは決して順風満帆というわけでない。困難の一つは教師の高齢化にある。この困難をどう克服して授業改革を推進してゆくのか。これからも福島県の学校から学ぶことは多い。

茅野市における全学校による学びの共同体づくり

市をあげての改革

特急あずさで新宿から2時間余り、茅野市に到着すると、教育委員会指導主事の樋口由照さん、長峰中学校の清水幸次校長、続いて牛山英彦教育長が出迎えてくれた。牛山教育長は初対面だが、4年前、稲垣忠彦先生（東京大学の恩師、信濃教育会教育研究所前所長）の後を追うように他界された牛山栄世さんのお兄様である。牛山栄世さんとは大学院時代に東大に派遣研究生として来られ、以来、30年近く親しく学び合った教師である。長野県における学びの共同体の最初のパイロット・スクールは、牛山栄世さんが副校長をつとめた信州大学附属松本中学校であった。

茅野市教育委員会から市内のすべての小中学校で学びの共同体の学校づくりを推進した

豊かな学びを追求する長峰中学校の生徒たち。

いので協力してほしいという電話を受けたのは、1年前である。以来、茅野市教育委員会の指導主事、および最初の拠点校となる長峰中学校を中心とする教師たちは、県内の学びの共同体のパイロット・スクール、中野市の中野平中学校、木島平村の木島平小学校、中学校、佐久市の望月小学校などの公開研究会に参加し、着々と準備を進めてきた。

そして、本年（2015年）4月から、長峰中学校において学校をあげて学びの共同体の学校改革が開始された。

茅野市には小学校が9校、中学校が5校ある。そのすべてが本年度から学びの共同体の授業改革と学校づくりを開始した。10月23日金曜日、長峰中学校において開催された「授業改善教育研究会」には、市内すべての学校が休校にして全教師が参加した。これに連動してすでに学びの共同体の改革に着手している茅野高校も、この日を休校にして全教師が参加した。茅野市内の小学校、中学校、高校のすべての教師が一堂に会して、学びの共同体の授業改革の研究が行われたのである。

茅野市の最初のパイロット・スクールとして公開研究会を開催した長峰中学校は、全校生徒416名の中規模の中学校である。同校は、八ケ岳の溶岩流によってつくられた細長い台地の上に位置し、昨年竣工した美しい校舎を擁している。早朝、同校に到着し、さっそく清水校長とともに、1年生5クラス、2年生4クラス、3年生4クラス、特別支援教室2クラスの全教室を参観した。

すべての教室において机はコの字に配置され、男女混合4人のグループ学習が取り入れられ、どの授業においても「聴き合う関係」「真正の学び」「ジャンプの学び」が追求されて、授業は「共有の学び」と「ジャンプの学び」でデザインされていた。長峰中学校のすべての教師たちは、『学校を改革する―学びの共同体の構想と実践』(拙著、岩波ブックレット)を読んでおり、授業のヴィジョンを共有していた。どの教室においても、誰一人ひとりになっていないし、すべての生徒が夢中になって学びに参加している。わずか5か月で、このレベルまで生徒たちが育っているのは素晴らしい。

周到な準備と堅実な開始

茅野市の学校改革において印象深かったのは、教育委員会とパイロット・スクール（長峰中学校）の周到な準備である。私の過密な日程の都合で、依頼を受けてから訪問できるまで1年以上を要したが、そのことはむしろ効果的であったのかもしれない。

長峰中学校の改革においては、改革前の学校訪問と学びの共同体の改革のヴィジョンと哲学と活動システムの理解に十分な時間が与えられ、改革の始動の段階から部分的にではなく、まるごと実践することを可能にしていた。通常は、改革1年後に実現する教師個人別の研究テーマの設定も、同校では改革が始動した4月段階から実現している。

全教室の公開授業を参観しながら、清水校長は「教室の机の配置をコの字にしただけで、授業中つっぷしてしまう生徒が激減し、グループによる協同的学びを導入することで、一人残らず生徒たちが学びに積極的に参加するようになった」と語る。そして、それまで不登校気味だった生徒が次のように記したことを伝えた。

「一斉授業で黒板に向いて発言するとなると、友達の表情が見えないし、声で反応しても何を思っているかわからないから不安になる」

「コの字型で友達の顔が見えている方が安心。一体感があるし、まとまっていると気持ちが楽に感じる」

「グループで話しかけてくれたり、『〜だよね』と言ってもらえるので、参加している感じがする。わからないことを訊いても答えてもらえる。温かさや安心感もある」

「人の考えを聴けるから、そういう考えがあるんだと思える。自分の意見と相手の意見を比べて『じゃあ、こうした方がいいかな』と思うことが多い」

他方、不登校気味の生徒の中には、まだ打ち解けない思いが残っていることを率直に語る声もあるという。

「安心感がほしい。隣の人に訊いたことがあったけれど、無視されてしまい、それ以降、一度も訊いていない。『どうせ最後に先生が答えを言うからいいや』、『グループがまた変わるから今だけ』と思って、授業は我慢して受けている」

これら不登校気味の生徒の声の中に長峰中学校の「学び合い」の現状が表現されているという。至言である。

私の参観の率直な印象は、まだわからない生徒の中に「ねえ、ここどうするの?」と仲間に問いかけることができない生徒が残ってはいるものの、どのクラスの生徒たちも柔らかく学んでおり、明るい表情で学び合っているのが印象的であった。学びの姿の閑けさと柔らかさは特に重要である。

学びにおける開けさと柔らかさは、何よりも教室の知性的な文化を表現しているからである。長峰中学校の授業改革は、開始してわずか5か月で、知性的な教室文化を生徒の学びにおいて実現していることが何よりも素晴らしい。教師たちのテンションの高さと声の大きさが半減すれば、この特長はいっそう向上することになるだろう。

拓かれる生徒の学びの可能性と教師の学び

2時間にわたる全教室の公開授業に続いて、寺島昌樹さんの社会科「平和主義」（3年）の提案授業が行われ、この提案授業を受けて研究協議会が行われた。

この授業の題材は2015年9月19日に成立した「安全保障関連法」であり、生徒たちには「集団的自衛権のしくみ」「集団的自衛権の行使例」「日米の集団的自衛権」「隣国の脅威」「ロシアの領空侵犯」「竹島の韓国不法占拠」「テロの脅威」（いずれも政府広報の図版）が配布され、黒板には長野市における安全保障関連法に賛成するデモと反対するデモの写真が掲示されて授業が開始された。

「共有の学び」は「賛成する立場の人の理由」と「反対する立場の人の理由」をそれぞれ

9項目をあげ、それらを確認する課題である。授業が開始するとただちにグループ作業に入り「共有の学び」が行われた。生徒たちの関心は高く、どのグループでも9項目の確認とそれぞれ自分が最も重要と思う項目の選定が行われた。

「共有の学び」が12分程度で終了すると、そのまま「ジャンプの学び」へと移行した。「ジャンプの学び」は、自分の考えを300字から400字で記述する課題である。その場合、必ず「集団的自衛権」という用語と「積極的平和主義」という用語を使用することを求めている。生徒たちは25分ほど、グループごとに小声で訊き合い意見を交わしながら、この学びに没頭した。数人は最初は「どちらにしたらよいか、わからない」という様子を示したが、やがてどちらかの意見に定まり、作業に夢中になった。グループ内の意見は多様であったが、全体として賛成が4分の1、反対が4分の3という分布であった。配布された資料は前述のようにどれも賛成派の資料であったのだが、一般の民意を反映しているのだろうか。賛成派は少数で、反対派は多数であった。

参観者を驚かせたのは、このクラスで最も学びが困難な康之（仮名）が、この「ジャンプの学び」に誰よりも夢中になったことである。漢字を書けない康之は、参観者の教師たちに次から次へと書けない漢字について質問し、600字詰めの原稿用紙が足りなくなると、欠席していた前の席の原稿用紙も使って1千字分の文章を完成させた。

その文章は驚きである。彼は反対の立場から文章を書いたのだが、安全保障関連法が11の法案であることから書き始め、「集団的自衛権」「違憲立法」「後方支援」「存立危機」「自衛隊法」など、大人顔負けの豊富な用語と正確な理解で文章を書いていた。漢字が書けない生徒が、ここまで学んだことは驚嘆に値する。授業後に、康之が独り言でつぶやいた言葉もおもしろい。「やっぱ、漢字は学んでおかなきゃいかんな」

授業協議会の教師たち一人ひとりの発言も秀逸だった。どの教師も観察して一人ひとりの学びについて語り、この改革が学びの実像に肉迫し「豊かな学び」を創造する改革であることを印象づけていた。同校の教師たちの学びの豊かさも、この日、参観者たちを感動させたことの一つであった。

茅野市の教育は、この日、歴史の一ページを確実に開いたと言ってよいだろう。そして、この改革は、やがて長野県全体の学校改革のうねりを生み出すに違いない。

教師の学びが学校を変える
―育ち合う若い教師たち―

驚嘆すべき改革

学校を訪問し教室からの改革を開始したころから、ぜひとも訪問したいと思っていた学校のほとんどを訪問して学びの共同体の改革を実現することができた。沖縄県のやんばる地域（国頭村《くにがみ》）の学校、横浜市鶴見区の臨海地区の学校、大阪府東大阪市の学校、紀伊半島の尾鷲市と熊野市の学校、大阪府堺市の学校などである。これらの学校が所在する地域は、いずれもさまざまな理由で困難を抱えており、それらの学校で学びの共同体を実現させることは長年の夢であった。その夢がまた一つ、２０１５年11月14日、堺市の大仙小学校を訪問することによって実現させることができた。これで上記の地域すべてにおいて学びの共同体の改革が実現したことになる。しかも、大仙小学校の訪問は感動的な経験の一つとなった。近年、関西の小学校がいくつも全国トップ水準と言ってよいほど素晴らしい学校に再生してきたが、大仙小学校もその一つである。

大仙小学校は、前方後円墳として有名な仁徳天皇陵のすぐ近くに位置する児童数約450名の中規模の学校である。同校の学びの共同体の改革が着手されたのは3年前、長年にわたって周期的に荒れを繰り返してきた同校は、市内94校ある小学校の中で最も厳しい状況にあった。「できることはすべて試み、何としても立て直さなければならない」寺田文代校長のその言葉を受けて、教師全員が協力して改革が着手された。

改革を開始するにあたって有効な方法は二つある。一つは拙著『学校を改革する―学びの共同体の構想と実践』（岩波書店）を教師全員で読むことである。ワンコインで買えるブックレットなので容易に始められる一歩である。もう一つは、校内の教師たち全員が学びの共同体のパイロット・スクールを訪問し、学校と教室を参観することである。この二つが最も有効なのは、改革において第一に重要なのがヴィジョンの共有だからである。

教師たちに学校の改革を呼びかけると、「時間がない」「人がいない」「お金がない」という答えが返ってくる。「ヴィジョンがない」という返答は皆無である。しかし、改革の最初に必要なことはヴィジョンの共有である。ヴィジョンが共有されなければ、どんなに「時間」と「人」と「金」を注ごうとも、すべて無駄になってしまう。大仙小学校は、上記の二つを実施することによってヴィジョンの共有から改革を始動させることに成功した。なかでも、パイロット・スクールの視察は徹底していた。この3年間、関西地域の公開研究会を訪問すると、必ず研究主任の田良原恒さんを含む同校の教師たちの姿を見ることができた。

さらに大仙小学校の改革を確かな歩みへと導いたのが、スーパーバイザーの小畑公志郎さん（元宝塚市小学校校長）の指導と支援である。小畑さんと私とのパートナーシップは、もう35年目を迎えている。三重県四日市市の石井順治さん（現在は愛知県常滑市在住）と並んで、私の授業研究に最も大きな影響を与え続けてきた教師である。石井さんと小畑さんとの出会いがなければ、学びの共同体の改革をデザインし実現させることは不可能だっただろう。その小畑さんと早朝、同校を訪問し、さっそくすべての教室を参観した。

聴き合う関係づくりから学びへ

土曜日に公開研究会を開催したため、1時間目は保護者の授業参観にあてられていた。その保護者たちと入れ替わって、2時間目と3時間目、すべての教室で授業が公開され、市内外の教師たち約200名が参観した。

教室の授業を参観してまず印象深かったことは、どの教室でも子どもたちの聴き合う関係が素晴らしいことである。誰かが話し始めると、すっと話をやめ、話している子どもの方に顔を向け、一言ももらさないよう耳を傾ける。しかも、この動きがとても自然なのである。これだけ聴き合う関係が教室に根付いていれば、どの子も安心して学べ、一人残らず学びに専念し、質の高い学びが生み出されることはまちがいない。同校の学びの共同体の取り組みは3年目だが、子ども同士の聴き合う関係は、すでに10年以上継続してきた学校に匹敵する水準である。

その秘密はどこにあるのだろうか。第一に同校の研究が「聴き合う関係づくり」を最優先してきた経緯がある。荒れた子どもたち、低学力の子どもたちは共通して、他の子どもの声を聴こうとしない。大仙小学校の改革は、「聴き合う関係」を教室に生み出すことから着手された。3回目を迎えるこの公開授業研究会のテーマも「聴き合い学び合う学びの創造」である。さらに今年度の各教師の「個人研究テーマ」も、23人中21人が「聴く」あるいは「聴き合う」という用語を使ってテーマ設定を行っている。

聴き合う関係づくりの秘密として、教師の声と言葉がある。どの教室を訪問しても、教師の声はやわらかく控えめであり、無駄な言葉はほとんどない。若い教師たちが教師全体の半数以上であるのに、教師のポジショニング（居方）と話し方は、ベテラン教師以上に

学び合う大仙小学校の子どもたち。

洗練されている。

さらに、どの教室の授業においても「ジャンプの学び」が導入され、テクストや資料との対話を学びの中心に置く「真正の学び」が追求されていた。たとえば、文学の授業においては、45分中15分以上が音読にあてられ、途中で少なくとも3、4回はテクストにもどして音読する活動が組織されているし、社会科など国語以外の教科の授業においては豊富で的確な資料が活用されていた。学びの共同体の改革が「奇跡的」とも言える成果をあげている秘密は「聴き合う関係」と「ジャンプの学び」と「真正の学び」の三つにあるが、大仙小学校においては、すべての教室ですべての教師が、この三つの要件を備えた授業を行っていた。参観者たちを驚嘆させた改革が実現したのは、当然の結果であった。

午前中の全教室公開には、堺市教育長の石井雅彦さんも駆けつけてくれた。石井教育長と同校を支援してきた指導主事の佐古田英樹さんは、同校がこの3年間で見違えるように変化し、かつて90校以上の市内の学校の中で最低レベルにあった学力も、今年、全国平均を超える水準まで飛躍的に向上したことを伝えていた。すべての教室を参観した印象で言えば、来年度の学力はさらに大きく向上するだろう。

若い教師たちが拓く明日の学校

午後は、1年2組の大仲美幸さんが国語「ずーっとずっとだいすきだよ」の授業、4年2組の大川拓也さんが算数「面積の求め方」の授業を公開した。大仲さんは新任2年目の教師、大川さんは教職3年目の教師、いずれも若い教師たちである。しかし、いずれの授業も、ベテラン以上のレベルに達する素晴らしい授業だった。

大仲さんの教室に入ると、子どもたちは授業前の休憩時間からテクストを音読していた。音読の声はやわらかく、しかも一人ひとりゆっくりと自分のペースで読み浸っている。チャイムが鳴って授業が開始され、そのまま音読も継続された。途中、ペアで一つのテクストを持って交互に読み、15分ほど音読が続いた後は、指名による音読である。指名による音読の間、聴きながら子どもたちはそれぞれ指でテクストをたどっている。この方法は、低学年で有効である。こうして25分ほど音読が続き、そうしてテクストで印象に残った言葉をペアで交流し、全体で共有し合う学びへと移行した。その途中、何度もテクストにもどって音読する活動が導入される。授業の前半だけで、10回近いペアの学びが行われているのも素晴らしい。そのペアの学びの中で、どの子もテクストの言葉一つひとつを読み味わい、イメージを豊かに深めていた。

大川さんの教室に入ると、子どもたちは共有の学びをすでに終えて、ジャンプの学びへと移っていた。この授業のデザインも秀逸である。共有の学びは、「縦12メートル、横9メートルの長方形の土地を四つの長方形に区切る道路の幅が3メートルであるとき、道路以外の敷地の面積はいくらか」という問題であり、子どもたちは10分ほどのグループの学び合いで正解に達した。その解法をいくとおりか確認した後、ジャンプの学びへと移った。ジャンプの学びは、「縦12メートルの長方形の土地を四つの長方形に区切る道の幅が3メートルである。道路以外の敷地の面積が180平方メートルになるとき、この土地の横の長さはいくらか」という問題である。

この教室は聴き合う関係が成熟しているので、ジャンプの課題が高ければ高いほど、どの子も夢中になって学び合い探究し合う活動が実現している。夢中になって学び合う子どもたちの姿は、参観者を感動させた。ジャンプの学びのレベルがかなり高く設定されていたので、結果的には、どのグループもあと一歩のところで時間切れになってしまったが、学び合いの姿を観察する限り、この教室の子どもたちには適切なレベルの課題であったと思う。

大仙小学校のもう一つの素晴らしさは、若い教師たちが育っていることにある。同校の教師の平均年齢は30代の前半であり、半数以上が若い教師たちである。そして、この若い教師たちの授業が素晴らしい。この教師たちの学びを実現しているのが、ベテラン教師たちも含めた同僚性である。小学校の教育の質の成否は、教師たちが専門家として学び合う同僚性の質の高さにかかっている。

学び育ち合う教師たち
―学びの会の活動―

学びの会への参加

２０１６年1月23日と24日の土日にかけて、「茨城学びの会」と「福島學の会」の冬季研究会に参加した。「茨城学びの会」は7年目を迎えている。「福島學の会」は昨年発足し、最初の冬季研究会を迎えた。「学びの共同体研究会」は、夏冬に研究大会を開催してきたが、その合間を縫って各地で地方の学びの会の夏冬の研究会が開催されている。「学びの共同体研究会」のホームページを開くと、約20の「学びの会」が記されているが、小規模の会を含めると１００近い学びの会が各地に組織され、月例会と夏冬の研究会を組織している。

学びの会の参加者の多くは、校内で一人もしくは少数で学びの共同体の実践に挑戦している教師たちである。学びの共同体の改革は、授業の改革と学校の改革を一体として遂行する改革であるが、学校ぐるみの改革が実現しているのは、約1割程度の学校に限られている。学びの共同体の実践に挑戦している多くの教師たちは、校内で単独もしくは少数で挑戦している教師たちである。学びの会は、学校ぐるみの改革が実現していない教師たちに学び育ち合う機会を提供している。また、学校ぐるみで挑戦している学校に勤務する教師たちも他校に異動すると、学校外に学び育ち合う場所が必要である。学びの会は、その要望に応える教師たちのネットワークでもある。さらに、学校ぐるみで挑戦している学校の校長や教師たちにとって学びの会は、県内や市内の学校の校長や教師たちとのネットワークを形成している。学びの共同体の改革は、パイロット・スクールの公開研究会と各地の学びの会のネットワークによって、緩やかだが確実にそれぞれの地域に根をおろし、改革の輪を広げてきた。

教師は、一人では学び成長することはできない。教師の成長には、学び合う先輩と仲間が必要である。専門家の学びの共同体（professional learning community）が組織されていなければ、その地域において専門家として教師が育つことは不可能である。各地に組織されている学びの会は、この要請と必要性に応えている。

学びの会は、通常、月1回（土曜日の午後）研究会を開催している。参加者は10名から20名程度。二つ程度の授業のビデオ記録を視聴して、その教室の子どもの事実と教師の実践から学んでいる。ケース・メソッドによる研修である。学校外の研究会であることから、そして同じ志を抱いた教師同士であることから、学びの会における研修では、より専門的で、より率直な批評が交流され、濃密な同僚性が学校を超えて築かれている。

学びの会が開催する夏冬の研究会には、その地域を中心に約100名から300名ほどの教師たちが参加している。これまで10年以上、学びの共同体の実践に挑戦してきた教師、初めて学びの共同体の実践に挑戦する教師、学生、そして時には市民も参加し、具体的な事例から学び合って連帯を強めている。

子どもの事実からの学び

茨城学びの会では、二つの実践報告による授業協議会と私の講演が企画された。この日のテーマは「アクティブ・ラーニング─協同的で活動的な学びへ─」である。午前は、会の代表の岩本泰則さんからの挨拶の後、牛久市中根小学校の雑賀香さんの3年算数の授業「円と球」の授業がDVDで提供され、参加者のグループ協議による検討が行われた。午後は、那珂市第二中学校の伊藤紳一郎さんの中学2年英語「動名詞」の授業がDVDで提供され、午前と同様、参加者による協議会が行われた。この二つの事例の検討において

授業の事例から学ぶ教師たち（浜之郷小学校）。

議論されたのは、「アクティブ・ラーニング」における学びの質である。どちらの教室も、子どもたちの学びは活発であり、教師の授業の目標も明確で、どの子どもも生き生きと活動し、ほとんどすべての子どもがジャンプの課題も達成していた。雑賀さんの子どもへの関わりは細やかであり、伊藤さんの生徒への関わりは誠実である。しかし、その学びの質はどうか。

雑賀さんの授業では、共有の学びとして半径と直径を求める課題、ジャンプの学びとして大きな円の内側に二つの異なる大きさの円が接している図で、内部の二つの円の中心間の距離を求める課題が出された。この授業において参加者が抱いた最大の疑問は、子どもたちは終始活発に活動しているが、はたしてこの授業において学びは成立しているのか。そして、その学びの質はどうなのかということである。

他方、伊藤さんの授業では、英語の挨拶の後、質疑応答のペア活動、チャンツのペア活動、ビンゴの後、動名詞の用法を記したプリントを用いてペアとグループ学習が展開された。最後に動名詞の表現、作文、会話の学習結果を見ると、どの項目も90%以上の習得率である。誰一人脱落していないし、どの生徒も終始活発に活動していた。しかし、ここでも参加者の疑問は学びの質はどうなのかという点にあった。というのは、伊藤さんの授業は、最初から最後まで「パターン・プラクティス（反復練習）」に終始していた。伊藤さんは、英語の授業では「内容のない教科書」で「5分でわかること」を「50分の授業にしなければならない」と語る。その「普段の授業」の挑戦を今日は提供したのだと語っていた。

この日の研究会では、「アクティブ・ラーニング」の普及が内包するさまざまな問題が浮かび上がり、本質的な事柄を数多く学ぶことができた。たとえば、雑賀さんの授業では、子どもたちは生き生きと活動していたが、声は大きく「話し合い」として学習活動が展開したために、「学び」が成立していたかどうかは疑わしかった。子どもたちは「わかったこと」を交流しており、「わからないこと」を探究し合ってはいなかった。その要因としては「聴き合う関係」が育っていないこともあるが、共有の課題のレベルもジャンプの課題のレベルも低すぎたことがあげられよう。もっとレベルを上げないと「学びの質」は高まらないのではないか。

伊藤さんの授業では、最初から最後までどの生徒も活発に活動し、最終的に伊藤さんが設定した目標は生徒全員が達成していた。それは見事なのだが、それらの活動はすべて動名詞を使用した短文の「パターン・プラクティス」であり、学びの質として疑問が残る。通常の英語の授業のほとんどがこのスタイルだと言ってしまえばそれまでだが、そして、この授業は通常スタイルの授業で言えば、ほとんど完成の域に達しているのだが、このような英語の授業で、英語を豊かに学んだと言えるのかどうか。生徒たちは英語を好きになるだろうか。

伊藤さんは、2年前の茨城学びの会では、「真正の学び」を追求する素晴らしい実践報告を行っていた。ディズニー映画の「アバター」をテクストとする授業だった。その授業は、英語教育において「真正の学び」がオーセンティック（真正）なテクストによって実現する姿をくっきりと示していた。私は、その伊藤さんが前回の対極ともいえる授業を提示したことに戸惑ってしまった。しかし、考えてみると、これも「アクティブ・ラーニング」の普及の一つの結果なのではないだろうか。日本の英語教育の抱える問題の根の深さを実感した授業だった。

質の高い学びへ

一日の研究会を終え、やや複雑な思いで郡山市へと向かった。夜到着すると、歓迎会が準備されていた。「福島學の会」は結成して1年に満たない会である。この会の素晴らしさは、須賀川市、二本松市の行政関係者と校長が教師たちとこぞって参加し、チームワークのよさで勢いがあることだろう。毎回の例会には50名以上が参加しているという。「福島學の会」においても「アクティブ・ラーニング」における「学びの質」が、事例研究の協議の焦点となった。「アクティブ・ラーニング」における「質の高い学び」とは、どういう学びなのだろうか。学びの共同体の授業づくりにおいては「聴き合う関係」と「ジャンプの学び」と「真正の学び」の三つの要件がそろった学びを「質の高い学び」と呼んできた。この日の午前にＤＶＤで提供された須賀川市第一中学校の星哲雄さんの数学の授業「方程式」も、やはり前日の茨城学びの会と同様の事柄が協議の焦点となった。同校は学びの共同体の改革が開始された直後であり、過渡期の姿が浮き彫りになったが、生徒たちの学び合いの進展は著しかった。「話し合い」ではなく「聴き合い」になっており、「教え合い」ではなく「学び合い」になっている。最も感心したのは、グループ学習が「つぶやき」と「ささやき」でつながっていたことである。「アクティブ・ラーニング」という語感は、活発な話し合いを想起させてしまうが、「質の高い協同的学び」の証しは、むしろ「つぶやき」と「ささやき」が交わされる静かな探究にあると思う。この日の研究会は、穏やかな中にも迸るような勢いを秘めた研究会となった。授業の事例研究と私の講演をとおして、参加者約130名の中でヴィジョンが共有され、学びについて語るディスコースの共同体が生まれたのである。

全国各地で組織されている学びの会は、このように学校を超え、校種を超えて、教師の専門家共同体を形成している。そして一つひとつの地域の学びの会は、都道府県ごとで合同して夏と冬の合同研究会を開催している。私が今年度参加した合同研究会は、新潟、大阪、三重、川崎、群馬、福島、茨城、沖縄などの府県、政令指定都市である。小さな学びの会、そして府県、政令指定都市の学びの会は、これからいっそう大きな役割を担い続けるだろう。学び続ける教師だけが教職の幸福を享受できる。学びの会は、その基盤を準備している。

学びが開く沖縄の未来

やんばる（山原）の現在

沖縄に「学びの共同体」の改革が導入されたのは15年ほど前、琉球大学附属中学校においてであった。私が沖縄の地を最初に訪問したのも、この時であった。その2年間、合わせて那覇市内の小中学校数校を訪問したが、「沖縄の学校の授業が変わるには30年以上を要するだろう」と深いため息をついたことを覚えている。沖縄の痛ましい歴史に対するため息であり、本土に住む人間として深い反省と責任を痛感したため息である。戦後25年間、米軍は学校と授業の改革を放置してきた。その遅滞は大きい。

この附属中学校の改革は、数年で途絶えてしまったが、その種はやがて芽を吹く。7年前、沖縄本島北端の国頭《くにがみ》村の学校教育課長、神元勉さんが指導主事の宮城尚志さんを連れ、広島市祇園東中学校を訪問した。これを契機として小さな改革ののろしが上がった。

神元さんは翌年、国頭中学校の校長になり「学びの共同体」の改革を導入、宮城さんは指導主事として村内すべての小中学校で改革を推進した。それと並行して名護市教育委員会の岸本琴恵さんも茨城学びの会などの研究会に参加し、名護市東江《あがりえ》中学校に「学びの共同体」を導入して不登校と問題行動を激減させる成果をあげている。私が沖縄で再び「学びの共同体」の改革を支援し始めたのも6年前である。

それからの3年間は、燎原の野火のような展開を示している。沖縄本島北部のやんばる地域のみならず、那覇市をはじめ本島各地、宮古島、さらには八重山へと「学びの共同体」の改革は拡大していった。拡大の秘密はどこにあるのだろうか。いくつも要因があるが、一つは多くの困難校で問題行動の激減、不登校の激減、奇跡的とも言える学力向上を達成したこと、二つ目には21世紀型の授業と学びのヴィジョンを提示し、若い教師たちが授業の専門家として育ったこと、三つ目には、神元さん、宮城さん、岸本さん、渡慶次さん（国頭村前指導主事）、名護市教育委員会特任アドバイザーの村瀬公胤さんをはじめ優れた教師たちが同僚性の「濃い」ネットワークで結ばれていること、そしてもう一つ、この改革が沖縄の自立の礎になることを教師たちの多くが直感的に確信していることにある。15年前の私の重いため息を根っこから吹き飛ばすうねりである。

金城小学校のペア学習。

２０１６年2月1日沖縄を訪問し、4日滞在して国頭村辺土名小学校（新垣直昭校長）、名護市東江小学校（堀越泉校長）、東江中学校（神元勉校長）、那覇市の金城《かなぐすく》幼稚園・小学校（初鹿野修校長）を訪問した。どの学校の公開研究会にも近隣から約２００名の教師たちが参加したが、ほとんどの参加者が各学校で「学びの共同体」を実践している教師たちであった。このような状況を5年前に誰が予測できただろう。

辺土名小学校を訪れると、2年前と比べ、いっそう学び上手に育った子どもたちが教室で待ち受けてくれた。前校長の急逝によって6月に本島南部から転任してきた新垣校長は、同校があまりに穏やかなのに驚嘆したという。それほど「学びの共同体」はやんばる地域に根をおろしている。

翌日、名護市の東江小学校と東江中学校を訪問した。東江中学校は3度目の訪問、東江小学校は初めてである。東江小学校では、5年の2クラスにおいて特別支援の子どもたちがあまりに多いので、「協同的学び」によるインクルージョン教育を実践している。参観した授業は算数だったが、どちらのクラスも各グループ内のケアの関わりの細やかさと学び合いの質の高さに感動した。これまでインクルージョン教育の教室を参観する機会は少なくなかったが、これほど自然で柔らかい学び合いが実現している教室は参観したことがない。これも小中連携による「学びの共同体」の改革の成果の一つである。

東江中学校は、数年前まで名護市内で最も困難な学校であったことが信じられないほどの変容をとげていた。神元校長のもの静かながら熱い闘志が、国頭中学校に次いで、もう一つのパイロット・スクールを見事に実現へと導いた。生徒たちの真摯に学び合う姿を眺めながら、なぜ「学びの共同体」の改革が沖縄において、これほど熱意をもって挑戦されているのかを教えられた思いがする。同日の『琉球新報』は、沖縄の貧困率が30％（本土の2倍以上）に達していると伝えていた。その最も困難な地域で「学びの共同体」は、子どもたちと教師たちと親たちに「明日への希望」を育んでいる。

辺野古へ

2016年2月3日、この日は一日余裕をつくったので、早朝6時に名護市のホテルを出発し、辺野古シュワブゲート前の座り込みに参加した。水曜日の統一行動だったので、村会議員団を含む250人の県民が陽の昇る前から座り込んでいた。連日指揮をとっているのは山城博治さん、ガン治療から復帰した状態というのに、明晰な言葉と明るい笑顔で闘う人々を支え続けている。「なんや東大名誉教授というから、どんな偉い人かと思ったら、フツウのおっちゃん以上にフツウのおっちゃんですよー」という絶妙の紹介に一斉に笑いが起こる。

ここでは24時間体制で工事を阻止する闘いが続けられている。機動隊150人にゴボウ抜きにされ檻に入れられながら、非暴力の闘いが日々続いている。戦時中は「戦場」、戦後は「軍事基地」として利用されてきた沖縄を「平和の砦」とする闘いである。辺野古基地を建設するには3万5千台ものトラック輸送が必要である。しかし、ゲート前の座り込みと抗議行動によって、いくら機動隊が強行しようと一日数台しかトラックは入れていない。この日も、翁長雄志県知事と稲嶺進市長による道路の使用制限によって一台のトラックも入ることはできなかった。

ゲート前に座り込みながら、「沖縄県民には『魂の飢餓感』がある」という翁長知事の言葉を思い起こしていた。日本のわずか0・6％の土地の沖縄に70％以上の米軍基地を押し付け、再び沖縄を戦場にしかねない辺野古基地建設を「オール県民」の意思を無視して強行しようとする。この人間の尊厳を踏みにじり沖縄県民を差別する政治を本土に生きる人間として許してはならないと思う。

沖縄は長い間、基地に依存して経済を成り立たせてきた。かつては経済の50％を基地に依存した時代もある。しかし、現在の沖縄経済の基地への依存は5％にすぎない。基地が返却された土地では、その活用によって50倍から100倍の経済効果がもたらされている。もはや基地は沖縄の未来を沈没させる重石でしかない。山城さんとともに闘う安次富浩さんは「沖縄の自然の保護と未来の発展のために辺野古基地建設は断じて許すことはできない」と語っていた。

辺野古を染めるコバルト色の大浦湾を後にして、名護市庁舎を訪れて稲嶺市長と対談した。稲嶺市長は、名護市の教育長の前歴をもち、教育にも造詣が深い。昨年夏の若い学生たちの行動に明日への希望が見えると語られていた。お話を伺いながら、翁長知事、稲嶺市長、山城さんは「沖縄の宝物」だと思う。沖縄の歴史は数多くの「宝物」の人々を生み出してきた。

那覇市へ

沖縄滞在の最終日は、那覇市の金城小学校の自主公開研究会（250名参加）を参観した。2年前那覇市を訪れた時は、同校に隣接する銘苅《めかる》小学校を訪問した。いずれも那覇市の「学びの共同体」の中心的パイロット・スクールである。銘苅小学校において「学びの共同体」の学校改革が開始されたのは5年前、当時校長だった初鹿野さんが数人の教師を連れて茅ヶ崎市浜之郷小学校の「湘南セミナー」に参加したのが契機であった。銘苅小学校の改革を達成した初鹿野校長は、3年前に金城小学校に転任、金城小学校でも画期的な改革を達成してきた。

改革は、画期的だった。「聴き合う関係づくりから学び合う学びへ」という改革の筋道はまっとうだし、児童数が700名を超える大規模校であるが、どの教室も授業デザインがしっかりしており、子どもたちは誰一人として一人になっておらず、一人残らず45分間の学び合いに没頭していて、学びの質も高かった。

金城小学校は幼稚園を付設していて、4歳児1クラス、5歳児3クラスの幼児たちが学び合っている。この幼稚園も1時間参観したのだが、幼児教育のレベルの高さに感銘を受けた。久しぶりの幼稚園訪問であったが、この園の幼児教育は小学校と並んで、本土の多くの教師たちと保育者たちに紹介したいと思う。コーナーを活用した環境構成が素晴らしいだけでなく、教師たちの関わりが節度をもって洗練されており、それによって自然体の「支え合い」によってあらゆる遊びと活動が学びと発達へ導かれる姿が印象的である。幼児たちのケアの関わりとマナーが素晴らしいのは天下一品である。（しかし、この幼稚園の実践は来年度限りで、2年後には、公立幼稚園の民営化という市の政策によって業者へと売却されることになる。残念でならない。）

金城小学校の画期的な改革の秘密は、初鹿野校長のリーダーシップの素晴らしさにある。初鹿野校長の指導性は、決して旗を振るところにあるのではない。学校のヴィジョンを明確に示したうえで、日々教室を観察して子どもの声と教師の声に耳を傾け、一人ひとりの教師の研究と実践を親身になって支援し、校内にひと肌の温かさで包まれた同僚性を築き上げてきたところにある。金城小学校の子どもたちと教師たちも、また沖縄の歴史と現在が生み出した「宝物」だと思う。

改革が持続する学校
―生徒一人ひとりを学びの主人公に―

年度当初の訪問

２０１６年４月20日、静岡県富士市の田子浦中学校を訪問した。同校は「学びの共同体」の学校改革を10年間持続している。その間に校長は４人代わり、改革の開始当初の教師は１人もいない。今年も教師の３分の１以上の12人の教師が新たに入れ替わった。昨年までの石井芳校長は岳陽中学校（中学校の学びの共同体の日本最初のパイロット・スクール、その後いったん中断するが、現在も改革を持続）へ転任し、新たに渡邊俊洋校長が着任した。本年度は、１年生が１クラス増えて７クラスになり、静岡県総合教育センターの委嘱を受けて、特別支援を必要とする子どもをケアする「ユニバーサル・デザイン」の研究にも着手する。同校の生徒数は５００名を超えたが、特別支援教室は知的障害の１クラスのみで7名の生徒が通っている。多くの特別支援を必要とする生徒たちは通常学級で、ケアし合う関わりの中で学んでいる。

学びの共同体の改革の一つの特徴は「静かな革命」であり「長い革命」を実現しているところにある。田子浦中学校もその一つであるが、改革を10年以上継続している学校も少なくない。特に、中学校、高校で学びの共同体の学校改革に挑戦している学校は2千校以上存在しているが、改革に着手して中断した学校はほとんど存在しない。(小学校の場合は、校長が代わると、改革が中断してしまう学校も存在する。)なぜだろうか。中学校においては小学校以上に教師の同僚性が形成されていること、そして、中学校、高校においては生徒たちがこの改革の最大の推進者であり、改革の中断を生徒たちが許さないからである。

もう一つ、学びの共同体の改革が持続する秘密がある。通常の学校改革は、年度が変わるたびに「昨年度の達成」を踏まえて「今年度の目標」を設定する。しかし、学びの共同体の改革は一般の方式とはまったく異なる。毎年毎年、同じ課題を掲げて「始まりの永久革命」を遂行している。一般の学校改革が一段一段ステップアップする「階段型」の改革を遂行しているのに対して、学びの共同体の改革は毎年度同じ改革を繰り返す「スパイラル型（螺旋型）」の改革を遂行している。いわば堂々巡りの改革である。なぜか。学校の改革は少なくとも10年以上を必要とする難事業である。いつも初心に立ち戻り、しかも伝統を単に引き継ぐのではなく、伝統の革新に挑戦し続けなければ継承し発展させることができない改革である。私たちは「昨年度の達成」を信じていないのである。「昨年度の達成」を踏まえて「今年度の目標」を設定して遂行する「階段型」の改革では、もともと達成されていない「昨年度の達成」の「階段」がもろいものだから、総崩れになってしまう。たとえ、いくらのろい進歩であっても、毎年度ゼロに立ち戻って「始まりの永久革命」を遂行し続けなければ、学校改革という難事業を成功に導くことはできない。改革は焦ってはいけない。速い改革は速く消滅してしまう。改革の速度は遅いほどよい。なぜなら学校の改革はシステムの改革であるだけでなく、哲学と文化の改革でもあるからだ。ゆっくりと丁寧に進めた改革は、学校構成員（生徒、教師、保護者、行政関係者、市民）一人ひとりの協同の根を張り、改革の根っこを育てる。田子浦中学校の改革はその典型の一つである。

一人ひとりが学びの主人公

同校に到着し、さっそく午前中の2時間、すべての教室を参観した。新年度当初であり、音楽や技術・家庭や美術などの教科は、新年度最初の授業であった。新しく着任した12人の教師たちも、学びの共同体の授業を行うのは初めての教師がほとんどである。1年生の

短歌を学び合う生徒たち。

生徒たちも同様である。

最初に1年生の教室7クラスを参観した。ういういしい生徒たちがコの字型の教室で、男女混合4人グループの協同的学びを中心として「共有の学び」（教科書レベル）と「ジャンプの学び」（教科書以上のレベル）でデザインされた授業に参加している。小学校からの引き継ぎで「困難な学年」という報告を受けていたが、そんな心配はどの教室の生徒たちからも微塵も感じられない。素晴らしい始まりの一歩である。こういうところに10年改革を持続した学校の強さが表現されている。改革の持続によって醸成されてきた学校文化が、新入生の生徒たちを目に見えないところで、しっかりと支えているのである。新入生の最初の授業である音楽の授業では、最初は歌わない生徒も多く声が出なかった合唱が、みるみるうちに変化し、一人残らず夢中になって声を響かせ合う合唱へと変化する姿を目の当たりにした。教師は同校に新任で着任して3年目を迎える望田彩さん、何と彼女自身が学びの共同体の中心の一つ岳陽中学校の卒業生である。

続いて2年生のクラス6クラスを参観した。3か月前に同校を訪問した時と比べて、一回り成長している姿に驚いた。中学校の生徒たちは、人生の中で最も心身の変化と成長が激しい時期を生きている。この2年生の素晴らしさは、学びに対する誠実さと男女の関係の親しさにある。その結果、学び合う関係だけでなく、ケアし合う関係が豊かに育っている。この1年間の成長が楽しみな学年という印象を受けた。

3年生の6クラスの状況は、この日の訪問で、最も気にかかっていた事柄であった。昨年同校を2度訪問した際、この学年のどこか落ち着きのないところや、学びに対して諦めかけている生徒が数人生まれていることが気がかりだった。ところが、その懸念は参観と同時に払拭された。学びの共同体の中学校では、2年から3年にかけて、生徒たちが一気に成長する姿がよく見られるが、この3年生もその期待に応えてくれた。この学年もまずまずのスタートを切ったと言ってよい。

すべての教室を参観して、他の学びの共同体の改革を推進している中学校と比べて、どこが田子浦中学校の特色なのかを考えてみた。同校の改革は華々しいものではなく穏やかであり、授業実践は基本に忠実で総じて地味である。しかし、その結果ともいえるが、何といっても生徒たちの学び合いが素晴らしい。どの生徒もグループの協同的学びが大好きで、グループ活動に入ると一人ひとりが学びの主人公になっている。しかも自然体でそうなっているのである。こういうところにも改革を持続した学校のよさがにじみ出ている。

提案授業と研修会

午後、同校の研修主任の前島由紀子さんが「短歌・『死にたまふ母』」（2年国語）の提案授業を行い、授業協議会が開かれた。前島さんは短歌をテクストにする文学の授業において、いつも素晴らしい実践を提案してきた教師である。これまで何度か前島さんの短歌の授業を参観してきたが、いつも生徒たちの短歌の味わいの機微が交流され、生徒たちの言語感覚の細やかさが学びの中に表現されていて、感銘深いものだった。

この授業のテクストは、齋藤茂吉の「死にたまふ母」の連作、そのうち6首がテクストとして配布され、授業が開始された。まず「一人ひとり自分のペースでゆっくりと」2回音読する。「A、いのちある人あつまりて我が母のいのち死行くを見たり死ゆくを」「B、死に近き母が額を撫《さす》りつつ涙ながれて居たりけるかな」「C、灰のなかに母をひろへり朝日子ののぼるがなかに母をひろへり」「D、ははが目を一目を見んと急ぎたるわが額《ぬか》のへに汗いでにけり」「E、山ゆゑに笹竹の子を食ひにけりははそはの母よははそはの母よ」「F、わが母を焼かねばならぬ火を持てり天つ空には見るものもなし」の6首、わからない言葉を確認し合った後、これら6首の時系列を問うことから、小グループの学び合いが開始された。

　小グループの活動は15分間、どの生徒も短歌の一言一言の言葉に読み浸り、それぞれの解釈を交流し合う。6首から読み取れる齋藤茂吉の人生、15歳で山形県から東京に養子に出たこと、医師であり歌人であったことなどを背景として、一つひとつの短歌のストーリーが浮き上がり、味わいが深められていく。どのグループでもEの位置をめぐって議論が焦点化している。Eは最初なのか最後なのか。それによって作品の世界も味わいも大きく変わってくる。ほとんどの生徒はEは最後という解釈に落ち着くが、5、6人は最初という解釈をとっていた。

　全体の学び合いで、それぞれのグループから1人、それぞれの解釈を発表し交流した。そこで前島さんは「死にたまふ母」の連作59の短歌すべてを印刷したプリントを配布した。時系列を確かめると、DBAFCEである。そして再びグループへ。この59の作品全体から新たに気づいたことの交流を行った。そして、最後にその気づきをミニレポートに書き、何人かの発表で交流された。「59の連作には父が一度も登場しない。それだけ茂吉の母への思いが深い」「59という作品の数は、もしかしてお母さんが59歳で亡くなったからではないか」（そのとおり）など、生徒らしい気づきが提示された。なお、この日のテクストの6首に有名な3首が含まれていないのは、教科書にその3首が掲載されているからであり、次の授業でその3首を取り上げるからである。

授業協議会は、まず教科を超えた6人グループで行われ、全体で交流された。同校に今年着任した教師12人も、臆することなく、率直にこの授業から学んだこと、疑問に思ったことを交流していた。私が、この授業で最も学んだことは、どのグループでも一人ひとりの生徒が学びの主人公になっていたことである。改革を持続している学校では、多様なヴァリエーションで質の高い学びを実現している。

改革のネットワークから創出される探究の共同体

改革のネットワーク

学びの共同体の改革は「運動」ではなく「ネットワーク」である。明治以来今日にいたるまで、日本の教育は「運動」によって改革されてきた。文部省（文部科学省）は「運動」によって改革を推進し、教員組合も民間教育団体も「運動」によって授業の改革を進めてきた。しかし、「運動」による改革の弊害は少なくない。「運動」は「中心」をつくり「ボス」を生み出す。さらに「運動」は「モデル」を提示して「先進校」による画一化を生み出し、授業実践の個性と多様性をつぶしてしまう。そして「運動」は「ブーム（流行）」が去ると、跡形もなく消え去ってしまう。

学びの共同体の改革は「運動」ではなく「ネットワーク」である。ネットワークには「中心」は存在しない。「中心」は、このネットワークに参画するそれぞれの学校であり、それぞれの教室である。ネットワークには「ボス」も存在しない。学びの共同体は私も含め100人余りのスーパーバイザーが連携して各地の改革を支援しているが、スーパーバイザーは「ボス」でもなければ「指導者」でもない。改革を共に推進する協同の実践者であり支援者である。学びの共同体の拠点校は「モデル・スクール」ではなく、「パイロット・スクール」である。パイロット・スクールは「先進校」ではない。「パイロット」という言葉は、大きな船の入港を牽引するタグボートを「パイロット・ボート」と呼ぶことに由来している。パイロット・スクールは、それぞれの地域の改革を牽引するタグボートである。（現在、350校以上のパイロット・スクールが創出され、年間1千回以上の公開研究会を開いて全国各地の改革をリードしている。）

本年度に入って三重県の学校を何校か訪問してきたが、今、三重県ほど学びの共同体の改革のネットワークが活性化している地域はない。特に津市の進展はめざましい。2016年1月に津市教育委員会北ブロック主催で講演を行ったが、この周辺の地域だけで350人もの教師たちが参加したのに驚嘆した。しかも、ほとんどの教師たちが学びの共同体の改革に挑戦していた。私は若いころ三重大学に8年間勤めたことがあり、その先入観から津市の改革は三重県で最後の地域の一つになると推測していたが、その推測は見事に裏切られた。津市には53の小学校、22の中学校が存在するが、その半数以上が学びの共同体の改革に挑戦しているという。

津市における学びの共同体の改革は、一身田小学校、一身田中学校、東橋内中学校、敬和小学校、朝陽中学校などにおいて先鞭がつけられてきた。これらパイオニアとなった学校の多くは、社会的経済的文化的に不遇な子どもたちが多く、低学力や問題行動や不登校や学級崩壊など、いくつもの困難を抱え続けてきた学校である。それらの学校のすべてが「奇跡的」とも呼べる改革を実現した。その事実が、市全体の改革のうねりを生み出したのである。改革のエネルギーとそのうねりは、いつも実践の事実から創出される。

根を張った改革の進展

4月24日、朝陽中学校（山本成之校長）を訪問した。同校の改革が本格化したのは6年前、三重郡菰野町の八風中学校の公開研究会への参加が契機になったという。以来、山本校長は八風中学校と鈴鹿市の鼓ヶ浦中学校と3校でネットワークを形成し、学びの共同体の改革を推進してきた。この3校はいずれも、改革を始める前は、低学力や問題行動等に苦慮してきた学校である。興味深いことは、これら3校のネットワークを担った校長たちが県教育委員会や市教育委員会の人事課長をつとめていたことである。県や市の教育委員会の人事課長は、所轄する地域で最も優秀な教師の一人であるだけでなく、その地域の学校の現実を最も深く認識している人々である。その校長たちが学びの共同体の改革に没頭していることはありがたい限りである。

朝陽中学校への訪問は初めてである。早朝学校に到着し、すべての教室を参観した。同校は全校生徒631人の比較的大規模の学校であるが、どの教室もコの字に机が並べられ、男女混合4人グループの協同的学びが実践されていた。それ自体は当然だが、どの教室もやわらかで温かい雰囲気で包まれ、誰もが安心して学べる教室で一人残らず生徒たちは真摯に学びに取り組んでいた。この学校が4年前まで困難校であったことをいったい誰が推測できるだろう。山本校長の抜群のリーダーシップと昨年まで研修主任であった小宮康子さんの話から学校の状況は想像してはいたものの、その想像以上に改革が進展している事実に感銘を受けた。

同校は、改革に着手してから問題行動はゼロになって不登校も激減し、全国平均より各教科5点以上低かった学力も、全国平均を10点ほど上回るほど向上をとげている。通常、これほどの学力の向上は改革から3年ほど必要とするのだけれど、教室の状況を観察するとうなずける結果である。印象的なことは、生徒たちの柔らかな身の所作と穏やかな明るさ、そして教師たちの授業における生徒との対応や教材の扱いの細やかさである。これらの小さな事実の一つひとつに改革の成果を見ることができる。

午後の提案授業（社会科「世界のさまざまな気候」1年）を行ったのは、小宮さんである。小宮さんは研修主任として改革を下支えした教師であり、同僚の教師の研究授業を優先してきたため、授業を提案するのは初めてだという。1年の生徒たちは入学した直後であり、学びの共同体の学びを開始して3週目を迎えた段階である。授業は、「雨温図」の確認から始まり、共有の学びで5枚の雨温図の特徴を読み取り5枚の風景写真と対応させ、さらに六つの観測地点（東京、イルクーツク、パリ、シンガポール、昭和基地、リヤド）とも対応させて地球儀で位置を確認する学び、ジャンプの学びとして「雨温図」と地球儀の位置と地図帳から気候の規定要因の「緯度」「海流」「偏西風」を発見し、ヨーロッパの都市が北海道より北に位置しながら温暖な地域があることの理由を発見する学びとしてデザインされていた。

１００人以上の参観者たちを驚かせたのは、生徒たちの学び合いの素晴らしさである。生徒たちは入学直後であり、小学校で協同的学びを十分経験してはいないのに、すでに学び合いの作法を身につけている。50分間、一人残らず学びの主人公になって夢中になって学び合う姿は素晴らしい。小宮さんの選ばれた最小限の言葉、生徒の学びに対する細やかなまなざしが、それを支えていた。

探究し合う教室の創造

4月の八風中学校、朝陽中学校の訪問の後、5月中旬には三重県紀南の紀宝町井田小学校と尾鷲市尾鷲中学校を訪問した。この紀南地域も、学びの共同体のネットワークが授業改革を推進してきた地域である。この地域の改革に先鞭をつけたのは熊野市木本中学校である。同校の「奇跡的成功」が紀南の地域の教師たちに改革の灯をともした。さらに県内で最も困難校とされてきた尾鷲中学校でも「奇跡的成功」が生まれ、この地域は、三重県内のいくつもの改革の強力なネットワークの一つになった。その中心にいるのが井田小学校の元校長、武村俊志さん（学びの共同体研究会事務局長）であり、尾鷲市教育長の二村直司さんである。今回訪問した井田小学校の吉川佳男校長は、もともと鈴鹿市の教師であり、前述の山本校長たちと親密なネットワークで結ばれており、尾鷲中学校の五味正樹校長は、36年前に同校が全国の校内暴力の勃発の発火点になった時の初任教師であり、その後の再建の中心的教師であった。

今回の紀南の訪問で最も印象深かったことは、井田小学校において最も典型的に見られ

井田小学校の探究の共同体。

ることだが、学びの共同体の改革が教室に「探究の共同体」を創出していることだった。元校長の武村さんと各教室を訪問して驚嘆した。どの教室でも、子どもたちが探究の共同体を創出していたからである。ペア学習やグループ学習が、どこからでも深い思考へと、そして探究的な思考へと自然に移行するのである。この秘密はどこにあるのだろうか。

私は各教室の探究の共同体を目の当たりにして、「デザインとしての学び」というテーマについて思索していた。「デザインとしての学び」では、授業と学びの対象となっている知識も「デザイン」として再構成され、教師の遂行する授業も子どもや状況との対話と協同による「デザイン」であり、子どもたちの学びも仲間とともに生成し合う「デザイン」である。そのような授業と学びの姿を同校で目の当たりにしたのは感動的であった。この「デザインとしての学び」というテーマは、これから私の中心的な研究テーマの一つとなるだろう。

この日の午後提案授業を行ったのは、本年度退職を迎える山室誠治さんだった。退職直前の山室さんだが、この1年間の教師としての成長は著しい。その事実は教室の子どもたちが端的に示していた。同校には、私が日本でトップレベルと評価している教師もいるのだが、その彼よりも退職直前の山室さんの成長の方がはるかに同僚たちの成長の推進力になっている。その事実も私には示唆の深い学びとなった。

井田小学校の探究の共同体の基盤には、地曳き網で生きていた地域の共同体の歴史がある。そう吉川校長は語る。井田地域の地曳き網漁では、漁の成果は網元が網の権利を取った後は、漁師の皆が均等に分け合ったという。その共同体の歴史がこの学校を支えている。

隠れキリシタンの半島に生まれた高校改革の拠点校

小さな高校が開いた歴史の一ページ

2016年6月17日、長崎市を車で西彼杵《にしそのぎ》半島を約1時間北上して西彼杵高校（福田鉄雄校長）を訪問した。途中、はっと息をのむ光景が飛び込んできた。出津教会である。学生時代に観た映画「沈黙」（遠藤周作原作・篠田正浩監督）の舞台となった教会である。今年は、スコセッシ監督による再映画化の封切りが話題になっている。この直前、もう一つはっとする風景があった。山田洋次監督の「母と暮らせば」の舞台となった黒崎教会である。そのふもとには、母（吉永小百合）と浩二（二宮和也）の家にいたる坂道があり、そのシーンが鮮やかに蘇る。西彼杵半島は、半島全体が深い山々で覆われ、秀吉の厳しい弾圧以降、隠れキリシタンたちが身を隠した場所である。

この西彼杵半島に、学びの共同体の高校の新しいパイロット・スクールが誕生した。同校は生徒数１６７名の小さな高校であり、２０１５年度から学びの共同体の改革が着手された。同校の生徒の進路は、就職が6割、専門学校・短大・大学進学者が4割である。入学してくる生徒の中には数名、中程度の学力の生徒もいるが、大多数は低学力層の生徒たちである。その生徒たちが、どのような学びを実現しているのか。学びの共同体の改革は、学校に何をもたらしているのか。アクティブ・ラーニングの追い風もあって、この公開研究会には、県内57校のうち36校の高校教師約２００名が参加した。すでに改革を準備している校長も多く参加し、この日は、長崎県の高校改革における歴史的な一日となった。

同校の改革を主導したのは福田校長である。福田校長は、20年以上も前から私の著書の愛読者であり、主要著書を読み漁って改革を準備し遂行してきた。午前中、すべての教室を参観して、そのことはただちに認識できた。改革に着手して1年余りなのに、どの教室における授業も生徒の学びも安定していて素晴らしい。一つだけ難点をあげれば、コの字型の机の配置において一人ひとりがばらばらになっていることがあるが、それもわずかの修正で解決する事柄である。最も印象深かったのは、どの生徒も穏やかで伸びやかな学びを協同で行っていたことである。学びの合間に見せる生徒たちの明るい笑顔と学びを歓び合う姿が素敵である。この生徒たちの大半が低学力に苦しんできた生徒たちであることを誰が想像できるだろうか。

西彼杵高校の改革は、「課題の発見と解決に向けた主体的・協働的なアクティブ・ラーニングへの飛躍的充実」を掲げた中央教育審議会の答申を学びの共同体の改革として推進するポリシーによって推進された。このことを全職員で確認したのち、すべての教師で岩波ブックレット『学校を改革する―学びの共同体の構想と実践』(拙著)を読み、昨年度は1、2年生、今年度は3年を含む全学年のすべての授業において、学びの共同体の実践を推進してきた。どの教室もコの字型の机の配置と男女混合4人(3人)グループによる協同的学びで組織し、どの授業においても「共有の学び」(教科書レベル)と「ジャンプの学び」(教科書レベル以上)の二つの学習課題をデザインし、「活発な学習活動＝アクティブ・ラーニングではない」ことを確認して「聴き合う」関係にもとづく「探究」中心の学びを推進してきた。授業の研修においても「教師の指導法を問うのではなく、生徒の学びに集中した協議」を行っている。すべて改革を成功に導く要諦を踏まえた展開である。同校は、これらの合意事項にもとづく改革を「『進化』から『深化』へ」と表現していた。

公開授業のショック

提案授業は、西村卓也さんによる3年1組で「現代文B」評論「『つながり』と『ぬくもり』」（鷲田清一）の読解の授業であった。参観者が200名を超えたため、体育館での公開授業となった。

この提案授業は、私にとってショックの激しいものだった。西村さんの授業とこのクラスの生徒たちの学びにショックを受けたのではない。西村さんの授業は、ジャンプの課題をテクストにもどして探究するデザインにしてほしかったと感じたが、授業そのものと生徒たちとの関わりは素晴らしかったし、生徒たちの学び合いはそれ以上に素晴らしかった。私が衝撃を受けたのは参観者たちである。参観者のほとんどが、まわりを囲んでいる椅子に座ったままなのである。教室の出来事を間近で細やかに観察しているのは、同校の教師たちと10名足らずの参観者だけである。

同様の椅子の配置は体育館で行う多くの提案授業で行われるが、これほど大多数の参観者が椅子に座ったまま授業を観ている（？）光景は、もう10年以上、経験したことがない。これが長崎県の高校教師の現実なのか。県内で最も辺鄙な場所に位置する同校を訪問してきた教師たちだから、意識の高い優秀な教師たちに違いない。その教師たちがこの実態である。そのショックは大きい。この教師たちは、いったい何を学ぼうとしているのか。お手並み拝見とばかり、距離をとって観ている教師たちは、そもそも授業を提案している西

西彼杵高校の協同的学び。

村さんに対して失礼だし、真摯に学んでいる生徒たちに対して無礼ではないか。この教師たちは、私の講演を目的に訪問してきたのだろうか。そうだとすれば、この教師たちに語りかける言葉は何一つ、私は持ち合わせていない。教室の事実から学ぶことのできない教師たちに語る言葉はないからである。

10年ほど前までに何度か同様の経験をした時は、あなた方に語る言葉はないと告げて、講演を辞退して帰ってしまう行動をとっていた。その衝動を何度も覚えながら、この公開研究会の長崎県の高校改革における意義の大きさをかみしめ、率直に私の憤りを伝えたうえで、講演は何とか行うことができた。参観者の方々には失礼な感情の表出になってしまったが、私にとっては、その憤りを伝えることなしには一言も語れないほど衝撃的な体験だった。どうか、ご容赦いただきたい。

この提案授業から私が学んだ事柄は多い。その一つがテクストとの緻密な対話の重要性であり、もう一つは読みにおける個と個のすり合わせの重要性である。読解の授業においては、テクストの言葉一つひとつとのデリケートな対話が決定的である。西村さんは、授業開始2分後にペア学習によってテクストの音読を5分間生徒たちに行わせ、それからグループ学習でさらに7分間、テクストの言葉のつながりをワークシートによって確認させている。ここまで12分。この音読と個人読みの協同が、生徒たちの読解の深まりのベースになっていた。途中、何度も「難しいところ」を生徒に尋ねてグループで確認させ、そのたびにテクストにもどして音読させる。これも読解の授業において個の読みを佇立させるための効果的指導である。もう一つ、この授業で学んだことは、生徒たちが互いの読みを細やかに聴き合い、つぶやきとささやきで「個と個のすり合わせ」を実現していたことである。協同的学びは「話し合い」にしてはならないが、つぶやきとささやきで深まる学びの姿をこの教室の生徒たちは示してくれていた。

改革の希望の所在

翌日、福岡県みやま市に移動し大江小学校（藤木文博校長）を訪問した。この移動中、昨日のショックがよほどこたえたのだろうか。車窓の景色を眺めながら、九州の教育に深く巣くっている保守性をどう克服すればいいのか、解答を見出せないまま思案していた。九州は学びの共同体の改革が最も浸透しにくい地域である。掘り進めても、どこかで岩盤のような保守性にぶつかってしまう。この私の問いは組み立て直さなければならない。九州といっても県ごとに学校と教師の置かれている状況は違うし、もっと言えば、市ごとに学校ごとに違う。その個別性に立って解決の方途が探られなければ、何の解決にもならないだろう。そう考え直しながら、大江小学校を訪問した。

藤木さんは名校長の一人である。これまで3校の校長を経験し、どの学校でも学びの共同体の改革によって学校を一新させてきた。今年60歳を迎える彼にとって、大江小学校は最後の学校である。同校の訪問は、昨年に続いて2回目であるが、すべての教室を訪問して、改革の進展に驚嘆した。どのようにして、このような学校がつくれるのだろうか。

大江小学校は各学年単学級、全6クラスの小さな学校であるが、どの教室においても教師たちが優秀であり、子どもたちは安心した環境でジャンプに挑戦する探究的な学びを実現している。1年前に訪問した時は、すでに聴き合う関わりによる学び合いがどの教室でも定着していたが、教師たちの学びのデザインはもうひとつしっくりしていなかったし、子どもたちの学び合いはもう少し探究的になる必要性を覚えていた。その印象は、今年度はまったく払拭された。同校の教師たちの多くは、昨年度と変わっていないのだが、一人ひとりが輝いて見えるほど、授業において個性が発揮され、しかもそれぞれのスタイルが「板についている」のである。その根底には、授業のデザインや教師の「聴く・つなぐ・もどす」の技量の成長にとどまらない「授業の哲学」の深化が、一人ひとりの教師の成長として存在しているように思われた。

たとえば、同校の研修主題には「共に高め合う児童とは」の項目に、わからないと言える「積極的依存性」、友達の考えを受け止める「共感的受容性」、このように考えればいいんじゃないと言える「建設的応答性」という概念化がはかられている。実践の事実から学び合い、そこから概念化し哲学にする。その歩みがこの学校の学びの深化を生み出したのである。改革の希望は、このように学校の一つひとつの変化の事実に潜んでいる。

学び成長し続ける教師たち
―研修の季節を迎えて―

研修の夏

教師にとって夏は研修の季節である。私にとっても夏は学びの季節となる。今年（２０１６年）も7月20日過ぎから8月末日まで数日を除いて、全国各地の教師の研修セミナーや研修ワークショップの訪問予定で埋まっている。その皮切りとなる茅ヶ崎市の浜之郷小学校で開催された湘南セミナー（7月23・24日）に参加した。

浜之郷小学校において夏の研修合宿がスタートしたのは創設3年目、今年で16回目を迎える。第1回は葉山国際センターを会場として開催されたが、以後は学校を会場とし、全国各地の教師も参加するようになった。定員が１００名という小規模の合宿セミナーであり、東京大学の秋田喜代美さん、埼玉大学の庄司康生さんと私が講師をつとめてきた。小規模のセミナーのよさもあって、いつも内容は濃密である。今年のプログラムは、浜之郷小学校から網野久美子さん（3年算数）と新井美生さん（1年国語）の二つの実践報告、市内の汐見台小学校の山田剛輔さん（3年算数）の実践報告、ゲストとして山梨県身延町の身延小学校の古屋和久さん（6年社会科）の実践報告、それに庄司さんと秋田さんと私の講演であった。（秋田さんの講演には、東京都大田区の松仙小学校の教諭であり東京大学の秋田研究室の博士課程院生でもある松村英治さん〈1年国語〉の報告も含まれていた。）盛りだくさんの内容であり、どの報告からも学ぶところが多かった。

その中でも、私にとって学ぶところの多かった報告は、ゲストの古屋さんの「6年社会科で質の高い学びを追求する―『ジャンプの課題』って何だろう」と新井さんの「友だちの話を聴き、自分の考えを深める子どもの姿をめざして」であった。いずれも「質の高い学び」を追求した創意的な実践であり、2日間の協議をとおして「質の高い学びとはどういう学びなのか」という問いが参加者の共通したテーマになった。

実践の経験から学び合う

ゲストの古屋さんの実践の素晴らしさは、4年半前にNHKのETV特集「輝け28の瞳―学び合い支えあう教室」によって知られている。あの番組では算数の授業の1年間が放映されていたが、古屋さんはもともと民俗学にもとづく社会科授業の実践者であり、この日も、歴史の授業における「質の高い学び」の追求を授業のビデオ記録とともに報告した。古屋さんは、報告の最初に「浜之郷小学校は私にとって教育の中心地」であり、「かなうものならば、ぜひとも勤務したい学校」と語っていた。その熱いメッセージに裏打ちされた報告は圧巻であり、同校の教師たちと参加者たちを圧倒させるほど、刺激に満ちていた。

古屋さんは、社会科の「ジャンプの課題」について、教科書の内容を超えて①「郷土の歴史につながる課題」②「(内容を)さらに深く掘り下げる課題」③「今の私につながる課題」④「歴史学の世界がのぞける課題」の四つを基準にしてきたが、それだけでは「何かが足りない」と語る。この課題意識に立って報告されたのが、「なぜ、日蓮上人は身延に住んだのか」の実践である(ビデオ記録を含む)。

この授業において古屋さんは資料として「日蓮上人の肖像画」「波木井《はせい》実長の像」(久遠寺境内)「久遠寺三門」(久遠寺境内)、久遠寺にある「御草庵跡」、「龍ノ口の法難」の絵、座禅をしている写真、『一遍上人絵伝』など、読み物資料として、それまでに配布したプリント教材、『絵と写真で学ぶ日本の歴史』、甲斐源氏系図を準備し、子どもたちに手渡していた。そのほかに、歴史が好きになった子どもたちは、めいめい、参考となる図書館の本を読んで持ち込んでいる。

「学びのサポート」として配布されたプリントを見ると、この単元の「言葉」として「日蓮、波木井実長、北条時宗、元寇、身延山久遠寺、龍ノ口の法難、鎌倉仏教、日蓮宗、禅宗、浄土真宗、時宗」が掲げられており、授業ごとに宿題として課される「歴史日記」においては、これらの「言葉」を活用したミニレポート（2段落〈各12行以上〉構成）の余白欄が準備されている。

授業では、まず「日蓮について知る」（共有の課題）として奈良、平安、鎌倉の各時代における仏教の種類と宗派が整理され、日蓮の年譜が提示されている。そして「ジャンプの課題」として有名な伝説「龍ノ口の法難」が「史実であったかどうか」の考察とその根拠を記すことが求められた。

授業のビデオ記録を見た参加者が異口同音に語ったことは、子どもたちが一人残らず夢中になって「日蓮の生涯」を探究していることだった。授業の開始前から、どの子どもも参考書や資料や年譜を丹念に調べており、その姿を見るだけで、子どもたちが歴史の学びに日々没頭していることがわかる。教室の環境も素晴らしい。さながら歴史資料を集積した図書室のようである。

古屋さんの実践報告から私が学んだことは、学びを中心とする授業においては、「教えるカリキュラム」(教科書、指導案、教材)よりも「学びのカリキュラム」(資料集、読み物、参考書、学習日記、学び合う関係、学びの作法)の方がはるかに重要であることである。通常の教師は「教えるカリキュラム」を十全に準備しようとするが、子どもが直接手にしている「学びのカリキュラム」は乏しいままである。通常は教科書と資料集のみであろう。しかし、古屋さんの教室においては、何よりも「学びのカリキュラム」が豊富に準備されているのであり、たとえば資料集一つとっても通常の資料集だけでなく、補足の資料集と読み物の資料集も準備され、「学びのサポート」(ワークシート)と「歴史日記」の二つによって、学びの「デザイン」と「リフレクション」が、子ども自身によって遂行できる手立ても準備されている。

社会科を学ぶことを、私は「社会と出会う・社会を知る・社会を生きる」というコンセプトで表現してきた。しかし、通常の社会科の授業では、「社会と出会う」ことも「社会を知る」ことも「社会を生きる」ことも不十分なままにされている。これらの壁を古屋さんは豊かな「学びのカリキュラム」を子どもたちに提供することによって克服している。この授業の映像記録を見ると、子ども一人ひとりが日蓮と出会い、日蓮を知り、日蓮が生きていたことを確証することができる。社会科の学びの可能性とそれを実現する方法を具体的かつ説得的に提示した素晴らしい報告であった。

学び続ける教師

古屋さんの報告がベテランの境地を示していたのに対して、新井さんの報告は、若い教師の成長の軌跡と文学における深い学びの基本要件を提示していた。新井さんの授業のテクストは「ずーっとずっとだいすきだよ」（ハンス・ウィルヘルム作）であった。新井さんは、浜之郷小学校に初任として赴任して以来4年間における「ペアやグループの意味」についての認識の深まり、文学テクストの読みの進歩、子どもへの対応と関わりの変化、同僚から学んできたことを報告の最初に語っていた。私自身、毎年3回、同校を訪問して彼女の授業も参観してきたが、特にこの2年間の彼女の成長は著しい。新井さんは真摯で、そして誰よりも謙虚な教師であり、さらに言えば、小さな出来事や子どもの言葉を繊細に感受し柔らかに思考できることが示すように、とても学び上手な教師である。それらの資質が、この文学の授業では開花し結実していた。

新井さんは、テクストと子ども一人ひとりを「恋人」にするために、授業前の休憩時間から音読を入れ、授業中の音読の時間も含めて20分近くも音読を保障して、たっぷりと子

新井学級で読み浸る子どもたち。

どもとテクストとの新しい出会いを保障している。授業の途中で、7回ほど「じゃあ、そこを読んでみて」と音読を入れているので、総計すれば45分授業のうち25分が音読にあてられたことになる。それだけにビデオ映像を見ると、どの子もテクストの言葉一つひとつと丁寧に出会いながら音読し、一人ひとりの内にテクストの世界が広がっていることがよくわかる。このテクストと一人ひとりの子どもの出会いこそが、文学の学びと授業の必須の要件であることを新井さんの実践は示している。

新井さんの授業のもう一つの素晴らしさは、子どもたちの聴き合う関係を基礎とする学び合いである。そのおおもとにペア学習がある。聴き合う関係とペアの学びが定着していれば、子どもの発言は自然とつながっている。新井さんは、そのつながりを省察することが教師の役割だと語る。この授業においても、前半では「じゅういさんにも、できることはなにもなかった」の「なにもなかった」の含意について、子どもたちはそれぞれの読みをすり合わせ、後半では「ぼくは、エルフにやわらかいまくらをやって」の含意と「ねるまえには、かならず『エルフ、ずうっと、だいすきだよ』って、いってやった」の言葉について、それぞれの読みがすり合わされた。その読みの深まりは圧巻である。そのプロセスで、新井さんは、10回もペア学習を入れ、そのうち7回はテクストにもどして音読を入れている。

新井さんは、発言記録の文字起こしを通じて、「次どうすると考えた途端に、子どもの言葉が受け止められなくなり、読みのつながりが見えなくなることを学んだ」という。こういうところに、新井さんが急成長した証しが垣間見える。それにしても、浜之郷小学校は何と豊穣な教師の学びを生み出していることか。その凄さを実感した2日間だった。

第二部

質の高い学びを創造する

―探究の共同体―

協同による質の高い学びの創造へ

質の高い学びを求めて

学びの共同体の改革を推進する教師たちが、今、挑戦している課題は、「質の高い学び」の創造であり、その実現のための「ジャンプの課題」のデザインである。２０１６年９月に訪問した福島県二本松市渋川小学校、須賀川市第三中学校、同市第一中学校、長野県中野市中野平中学校、同県木島平村木島平中学校の授業実践は、いずれも「質の高い学び」を追求する「ジャンプの課題」のデザインにおいて秀逸した挑戦を行っていた。たとえば、第一中学校の英語の提案授業（阿部準一指導）では、諸外国の事情を調べて、その紹介を英文で表現するという、かなり高度な内容であったが、小グループの協同によってどの生徒も高いレベルの学びを実現していた。また、中野平中学校においても、バスケットボールの提案授業（吉澤匠指導）では「ディフェンス」（共有の学び）から「ディフェンスからオフェンスへの展開」（ジャンプの学び）への運動の質の高まりが追求されていた。

学びの共同体の改革を推進している学校の授業では、「聴き合う関係」と「ジャンプの課題」と「真正（オーセンティック）の学び＝教科の本質に迫る学び」の三つの要件によって、「質の高い学び」を追求している。訪問した五つの学校において学んだことは、この三つの要件の成熟度が、その授業における学びの質を決定するということであり、さらに言えば、その成熟度は、その学校の同僚性の高まりに規定されていることだった。同僚性の高まりは、何よりも教師たちの日々の授業研究の積み重ねによってもたらされる。

この五つの学校は福島県と長野県に位置する小中学校だが、福島県と長野県は、この数年、穏やかだが学びの共同体の実践が着実に浸透し、静かな活気を生み出している地域でもある。それを象徴するかのように、新学期早々の公開研究会だったが、どの学校にも近隣の学校の教師たちが多数参加した。この推進力の中心になっているのが、「質の高い学びの創造」を求める教師たちの模索だろう。アクティブ・ラーニングが急速に普及する状況において、表層的な学びに陥らないためのディープ・ラーニング（深い学び）が追求されている。その鍵となっているのが、教師による「学びのデザイン」であり、子どもたちによる「ジャンプのある真正の学び」である。その挑戦の意気込みが、この五つの学校のどの教室においても見られたのが印象深かった。

なかでも、渋川小学校の提案授業（長井光彦指導）の「かたちをしらべよう」（2年算数）と、木島平中学校の提案授業（塩崎充昭指導）の「光の反射」（1年理科）の二つの授業は、ジャンプによる質の高い学びに挑戦した素晴らしい授業であった。

夢中になって学び合う子どもたち

渋川小学校は、学びの共同体を導入する前は低学力の状態にあり、子どもたちの心はすさんでいた。改革を開始して4年後の成果は著しい。同校は「学びつながる—夢中になって学ぶ子どもの育成」を研究主題としているが、まさにその言葉通りの学校づくりが実現している。とんでもなく素敵な子どもたちの学びと教師たちの姿が見られる学校である。

この日の提案授業を名乗り出たのは、同校で最も高齢の長井光彦さんである。同校への訪問は4年目を迎えるが、長井さんほど、学びの共同体の改革によって大きく変容された教師はいない。その変容と授業の発展は感動的である。

授業が始まると、長井さんは細長い長方形に3等分する線を入れた図を示して、「長方形はいくつある?」と尋ねた。すぐペアで数え始める子どもたち。全部で六つが正解であるが、

ペアで学び合う長井学級の子どもたち。

ここで長井さんは3等分の一つ分の長方形が三つ、二つ分の長方形が二つ、もとの長方形が一つであることを板書で整理している。その次に、長方形を縦横の線で6等分した図を示して、ペアで長方形の数を数え始める。どのペアも夢中である。5分ほどの時間で、どのペアも達成。さあ、ここからがジャンプの学びである。長井さんが問題を出す前から、「ジャンプ、やりたい」、「よっしゃ、ジャンプ」（女の子）と弾んでいる。いつも思うのだが、小学校低学年の授業では、15分ほどを共有の学び、30分をジャンプの学びにあてると、どの子も最大限の力を発揮して、質の高い学びを実現する。この授業も、そうだった。

長井さんは、正方形を二つ並べてそれぞ

れの正方形に対角線を引いた図を提示した。子どもたちは、教師が発問する前にジャンプの課題を認識していた。プリントを見るとすぐ、「正方形、長方形、直角三角形の数を求めるんでしょ?」とペアで挑戦し始めた。それぞれ場合分けをして数えないと混乱する。自然と場合分けが始まり、答えが導かれた。

実は、前日まで長井さんは、これよりも容易なジャンプの課題を準備していた。ところが、前日になってジャンプのレベルを上げる必要を直観し、同僚の先生たちと高いレベルの課題づくりに没頭した。その結果、考案されたのが、この課題である。直観で想像したとおり、子どもたちは前に増して夢中に学び合っている。少し時間はかかったが、どのペアも、ジャンプを達成した。残り時間はあと5分。長井さんは、多少迷いながら、もう一つのジャンプの課題を提示した。どの子も「やったあ」「よっしゃ」と大喜びである。二つ目のジャンプの課題は、正方形の辺の中点を結んで正方形をつくり、その正方形の中点と対角線を結んだ複雑な図である。この図の長方形の数、正方形の数、直角三角形の数を求める問題である。驚くべきことに、ほとんどのペアが5分で正解に到達した。一人残らず、45分、全力疾走で子どもたちが学び合った授業だった。

この授業の学びが「真正の学び」として優れているのは、「パターン認識」と「場合分け」という数学的探究の本質的な要素が学びの活動に一貫していることである。このような学びをデザインする力量が、これからの教師たちに求められている。一言付言しておくと、この授業のもう一つの魅力は、長井さんの子ども一人ひとりに対する細やかなまなざしと愛情あふれる対応である。この教室には、授業に参加することがとても困難な男の子がいたのだが、その子は2度も発言のチャンスを与えられ、どの子よりも「今日の授業はおもしろかった」と語り、これまでのどの授業よりも夢中になって学べたと語っていた。

ジャンプをデザインする

木島平中学校は、日本一おいしい米を生産する山間の盆地にあり、生徒数１４０名の小さい学校である。木島平村は、８年ほど前から東京大学の小國喜弘さん、秋田喜代美さん、浅井幸子さんを講師に招いて、保育園、小学校、中学校を一貫する学びの共同体の改革に取り組んできた。私が訪問するのは４年目である。同校と東京大学とのつながりは深く、今年は教育実習生を４人受け入れ、この訪問の数日後には、小学校6年生が修学旅行で東京大学を訪問し、由緒ある法文2号館大教室で「協働の学び」についてプレゼンテーションを行うという。小学生が東京大学で教授や院生や学生を対象に講演を行うのは、史上初めてのことではないだろうか。

今回、木島平中学校を訪問して最初に思ったことは、とんでもなく素晴らしい中学校になったという感慨である。何よりも学び探究する生徒たちの姿が自然であり、しかもどの生徒も学び上手であり、穏やかな快活さをたたえており品がいい。その学びは「真正の学び」を追求する教師たちによって実現している。どの教室の授業も逸品なのだが、たとえば、『スイミー』の英語の授業（1年）、『アンネの日記』（英語版）をテクストにして複雑な構文の解釈によってアンネの生き方に迫った英語の授業（3年）などは、英語における真正の学びの意義を学びの事実で示していた。

提案授業「光の反射」（1年）も同様である。塩崎充昭さんは、授業の最初に15分間、発光器と鏡とホワイトボードをグループごとにわたして光の反射を経験させ、「入射角と反射角は等しい」という「光の法則」を確認した。そこから、いよいよジャンプである。

ジャンプの課題で塩崎さんが準備したのは、「反射板」である。自転車の後ろについている丸い反射板、そして夜間工事で働く人のジャケットについている反射板、道路標識に利用されている反射板を黒板に貼って、斜めから光をあてる。反射の法則から言えば、鏡と同様に反射するはずだが、実際には、反射するところに生徒が立ってみても何ら反射光は認められない。反射板で反射する光は、どの角度から光があてられようとも、光源へと反射するのである。生徒たちは、驚きの声をあげる。いったい、どのような仕掛けが反射板に埋め込まれているのだろうか。

塩崎さんは、一人ひとりに反射板のビニール板（透明な黄色）を配り、小グループでの探究を促した。この薄いビニール板は、表がざらついているが、裏はすべすべである。やがて、生徒たちは顕微鏡でビニール板をのぞき込み、無数の三角形を発見するが、顕微鏡ではぼんやりとした像しか見えない。そのぼんやりした像を手がかりにして、どのグループもホワイトボードに三角形や六角形の集合を描いて秘密の解読へと向かう。先ほどの鏡を何枚か組み合わせて秘密に迫ろうとする生徒も多い。謎を解いた生徒たちのグループも現れた。このビニール板には無数のプリズムが埋め込まれているのである。

実は、反射板にはもう一つ、球を粒状に敷き詰めたタイプもある。こちらは光の屈折の法則を活用しているのだという（塩崎さんは次の授業で活用）。この塩崎さんの授業の素晴らしさも、「モデルによる探究」という科学的探究の本質を学びにおいて実現している。

地域からの学校のイノベーション

地域からの改革

学びの共同体の学校改革は地域に根ざし、地域からイノベーションを生み出す改革である。近年、全国各地の教育委員会において学びの共同体の改革をイノベーションとして推進する動きが顕著になってきた。イノベーションによる学校改革は、トップダウンの改革ではなく、ボトムアップの改革をトップダウンの改革と接合して一つひとつの改革を支援し拡大する改革と言ってよいだろう。そのためには、まずは一校、改革の拠点校（パイロット・スクール）を建設する必要がある。教育委員会主導による改革が失敗するのは、すべての学校を一挙に学びの共同体の学校へと改革しようとするからである。この発想では一つの学校も学びの共同体への改革を達成しないだろう。この発想をとる教育委員会の人々は、学校改革がいかに困難な事業であるかを認識していない。想像してみてほしい。一つの学校をパイロット・スクールとして建設することがどれほど困難であることか。その困難さを知り尽くしている人だけが、学校の改革を成功させることができるのである。

イノベーションによる改革は、一つの部分的な革新が全体の構造転換を引き起こし、そのことによって全体を刷新するプロセスをたどる。一例を示そう。デジタル・カメラが開発された時、デジタル・カメラはフィルムのカメラより性能は低かった。しかし、フィルムからデジタルへの変化は一挙に進行した。デジタル・カメラの先進性が市場と技術の全体にイノベーションを引き起こし、カメラ自体の刷新をはかったのである。同様の事例は多数あげることができる。アマゾン、スターバックスなどはその典型であろう。現代はイノベーションの時代であり、イノベーションによる改革こそが、システム全体の改革を生み出すのである。学びの共同体の改革が「運動」ではなく「ネットワーク」として展開し、パイロット・スクールの建設を何より重視しているのは、イノベーションによる改革を構想し実践しているからである。

各地の教育委員会の事例を見ても、イノベーションとして改革を推進しているところは成功しているが、旧来のトップダウンあるいは旧来のボトムアップで改革に取り組んでいるところは難航しており、思惑通りの成果をあげていない。旧来の考え方に呪縛されている教育委員会はイノベーションについて学ぶ必要がある。学びの共同体の改革が、21世紀型のイノベーションにもとづく改革であることを学び直す必要がある。

地域ぐるみの改革事例

この秋訪問してきた学校は、地域ぐるみの改革を成功させたところが多い。前の章で紹介した長野県木島平村の保育園、小学校、中学校における学びの共同体の改革は、その典型の一つである。その後、訪問した山口県宇部市、沖縄県国頭《くにがみ》村、山形県新庄市、そして来月訪問を予定している長野県茅野市、兵庫県神戸市などもイノベーションによる改革で地域全体の学校改革を成功させている事例と言ってよいだろう。

２０１６年９月28日に訪問した宇部市常盤中学校は、宇部市における学びの共同体のパイロット・スクールの一つである。同校が同市の最初のパイロット・スクールとして改革に着手したのは、12年前である。当時、宇部市は旧炭鉱の市という背景もあり、山口県で最も問題行動が多発し学力も最低の地域であった。常盤中学校は、その宇部市の中でも最も困難校であった。当時校長の白石千代さんが広島市の学びの共同体のパイロット・スクールである祇園東中学校を訪問したところから改革はスタートした。祇園東中学校もかつ

宇部市常盤中学校の公開研究会。

ては広島市の困難校の一つであったが、北川威子校長による学びの共同体の改革によって「奇跡的」とも呼べる改革を実現していた。そこで白石さんの熱い意志を感じて、私と北川さんとで常盤中学校の改革を支援する活動が開始された。白石さんは、当時の教育長の支援も受け、見事に常盤中学校の改革を実現した。この改革も「奇跡的」と言ってよい成果をあげた。問題行動はほぼ皆無となり、不登校も激減し、学力も3年目に飛躍的に向上した。何よりも生徒たちが学びに喜んで立ち向かい、柔らかに学び発達し支え合う姿へと変容した。

白石さんは、同校の校長から教育長へと抜擢され、宇部市教育委員会による学びの共同体の改革が推進された。元祇園東中学校校長の北川さんはスーパーバイザーとして毎月のように同市の小中学校を訪問し、教師たちの授業改革を支援してパイロット・スクールを一校一校拡大していった。何よりも素晴らしかったのは、宇部市教育委員会の指導主事たちの同僚性である。白石教育長のヴィジョンとポリシーを学校教育課の指導主事たちは、確かな同僚性によって一つひとつの学校の創意的な改革と結びつけてきた。宇部市には小学校が24校、中学校が12校あるが、白石さんが教育長になって7年後の現在、すべての学校が学びの共同体の学校として実践を遂行している。緩やかな静かな革命が達成されたのである。

現在、宇部市の教育は、山口県内において最も優れた教育を実践していると言ってよいだろう。問題行動に悩む学校は一つも存在していないし、学級崩壊に苦しむ小学校も存在していない。かつて県で最悪だった学力水準も、県平均、全国平均を超えるレベルに達している。同様の成功は、学びの共同体を地域ぐるみで推進した他の市町村でも共通しているが、宇部市の成功はその典型の一つである。

常盤中学校の公開研究会は、くしくも白石教育長の市議会における退任挨拶の日でもあった。偉業を終えた白石さんは、常盤中学校の公開研究会の最後に姿を見せ、さわやかな表情で参観者への挨拶を行った。

地域からのイノベーション

10月に訪問した沖縄県国頭村と山形県新庄市も、地域ぐるみで学びの共同体のイノベーションが進展した地域である。沖縄県国頭村における学びの共同体の改革は、常盤中学校の事例と同様、当時教育委員会の学校教育課長だった神元勉さんが指導主事の宮城尚志さんを連れ、広島市の祇園東中学校を訪問した時からスタートした。当時、国頭村は沖縄県の6地区のうちで最も教育の困難な地域であり、学力水準も最低の地域であった。指導主事の宮城さんは、連日、朝から晩まで警察と児童相談所と裁判所と家庭訪問に追われ、学校を訪問する時間がないほど、地域の子どもたちの荒れはひどかった。

翌年、神元さんはパイロット・スクールを建設するため県内最困難校の一つである国頭中学校の校長になり、その成果を熟知した小橋川教育長は村議会を説得して、村内の多数の教師を本土の学びの共同体の学校視察に派遣することを実現した。全村あげて学びの共同体の改革が推進され、わずか2年足らずで地域の学校は刷新された。それから6年、本島の北端やんばる地域（辺野古、高江に隣接）であるため、どの学校も毎年半数の教師が入れ替わるが、どの学校も学びの共同体の改革を持続している。私は毎年一、二度この地域を訪問して改革に協力してきたが、子どもたちの変容は驚異的と言ってよい。若い教師たちの成長も著しい。若い教師たちはトップレベルの授業実践を遂行している。国頭村の改革は名護市の改革と連動しており、本島北部における学びの共同体の改革は、沖縄の学力向上の推進力となった。

なお、那覇市における地域ぐるみの改革は、やんばる地域とは様相を異にしている。那覇市は、学びの共同体のパイロット・スクールが創設されても、教育委員会の支援が得られない数少ない地域の一つである。沖縄県教育委員会は向上した学力を維持するため、4月から全国学力テストの日まで授業を禁止してテスト対策を行わせたり、すべての教師に単元ごとの終了時のテスト結果をウェブに入力させたりという行政を行っている。その県教委の行政のもとで学びの共同体の支援が得られないのである。しかし、那覇市の教師たちは「学びの会」(月例会)に多数参加して草の根のネットワークを形成している。これも地域ぐるみのイノベーションの一つのかたちである。

もう一つ、山形県最上地区の事例を紹介しよう。沖縄訪問の翌週訪問した新庄市新庄中学校は、この地区の学びの共同体のパイロット・スクールである。同校は、前の校長である笹原啓一さんが同校に着任した4年前から改革がスタートした。ちょうど私の研究室で学んだ森田智幸さんが山形大学に赴任し、准教授の樋渡美千代さんら同大学の同僚が協力して最上地区の学校改革が推進された。森田さん、樋渡さんのスーパーバイザーとしての活躍は著しく、現在、最上地区の小学校23校、中学校12校のうち、半数近くが学びの共同体の改革を推進し、それぞれの学校で協同的学びを中心とする授業の改革と教師の同僚性を構築する学校改革が推進されてきた。この日の公開研究会にも、最上地区の教師たち200名以上が参加していた。

その結果、県内で最も低学力であった最上地区の小中学校であるが、いくつもの学校で学力の飛躍的な向上を達成している。「聴き合う関係」と「ジャンプの学び」の効果は絶大だと森田さん、樋渡さんは語る。

新庄中学校の全教室の授業を参観して私も同様の感想を抱いた。この日の提案授業においても、2年社会科（中島恭平さん）は市場経済の成立による幕藩体制の変化を古文書で読み解くジャンプの学びに挑戦し、3年英語（佐藤詩穂さん）は『これはのみのぴこ』（谷川俊太郎）の英訳を行う関係代名詞のジャンプの学びに挑戦されていた。学びのデザインの秀逸さは改革の質の高さを示しており、イノベーションの実践にふさわしい。

ジャンプのある学びをデザインする

夢中になる学び

紀伊半島南端の三重県紀宝町井田小学校、２年生の教室を参観すると岩本拓志さんが繰り下がりの計算の授業を行っていた。この26人のクラスは特別支援を必要とする子どもが半数を占めている。場面緘黙の子どもだけでも４人もいる。それでも子どもたちは学びに夢中になって取り組んでいるのは、いつもペア学習によってジャンプのある学びに挑戦しているからである。

岩本さんは、１から９までの数字が書かれた札をそれぞれのペアにわたして、二つの数を選んで二つの２桁の数をつくり、大きい方から小さい方を引く計算を答えが１桁になるまで行う課題を〈共有の課題〉として提示した。たとえば、２と９を選べば92－29＝63、

63－36＝27、72－27＝45、54－45＝9というように計算を行う。この課題は、どの二つを選んでも繰り下がりの計算になっている。3と5を選べば、53－35＝18、81－18＝63、63－36＝27、72－27＝45、54－45＝9。このように二つ目の計算をしたペアから次々に声が上がる。「あ、また9だ」「次も9かも？」。すると、どの二つの数で計算しても、すべて最後の答えは9になる。どのペアも夢中になって、30分近く学び続けた。答えが9にならないと、どこで計算まちがいをしたか、ペアで検証しながら。

残り10分は〈ジャンプの課題〉である。この計算に隠れたルールを三つ見つけよう。一つは最後の答えが9になるというルールである。5分もたたないうちに、どのペアも「あ、答えは全部、9の倍数になっている」「答えの二つの数字を足すと9になっている」と発見の驚きを語った。

岩本さんは、この困難な子どもたちが算数が好きになって夢中になれる課題づくりを求め、ある時、筑波大学附属小学校の算数教材を紹介した本の一節で、この繰り下がりの計算のアイデアを発見したという。それにしても、素敵な課題のデザインである。

この授業を参観しながら、かなり昔、ある1年生の算数の授業のことを思い出していた。教師「ケーキ五つとお皿が三つ、何がいくつ足りない？」、子どもたち「お皿が二つ足りない」、教師「じゃあ、それを式で表してみて」、子どもたち「できなーい！」。これで授業が中断してしまったのだ。授業を行っている教師には意外な展開だった。ここには、数学の成り立ちに関わる本質的な問題が潜んでいる。子どもたちは「豚3匹とりんご五つは足せない」と言っているのである。日常の「数（かず）」と半抽象の「量」と数学的な「数」との関係をめぐる問題である。そこで、隣の教室で私自身でジャンプのある学びを試みてみることにした。

「できなーい」までは同じ展開である。そこで「タイルを使ったらできる？」と尋ねると「タイルならできる」とタイルを取り出して、子どもたちはペアで五つのタイルから三つのタイルを引く操作を行った。「そのタイルは何？」と尋ねると「ケーキとお皿のセット」という絶妙の答え。そこでケーキの集合図とお皿の集合図を描いて、その対応関係を示した。そこから〈ジャンプの課題〉である。「4人で誕生会をします。ケーキが五つ、お皿が三つあります。何がいくつ足りないかを集合図と式で示しましょう」という課題である。子どもたちは人とケーキとお皿の三つの集合図とその対応を描いて、「4－3＝1」と式で表現した。このように、ジャンプのある学びは、数学的探究を創造する〈真正の学び（authentic learning）〉を準備する。

ジャンプの課題のデザイン

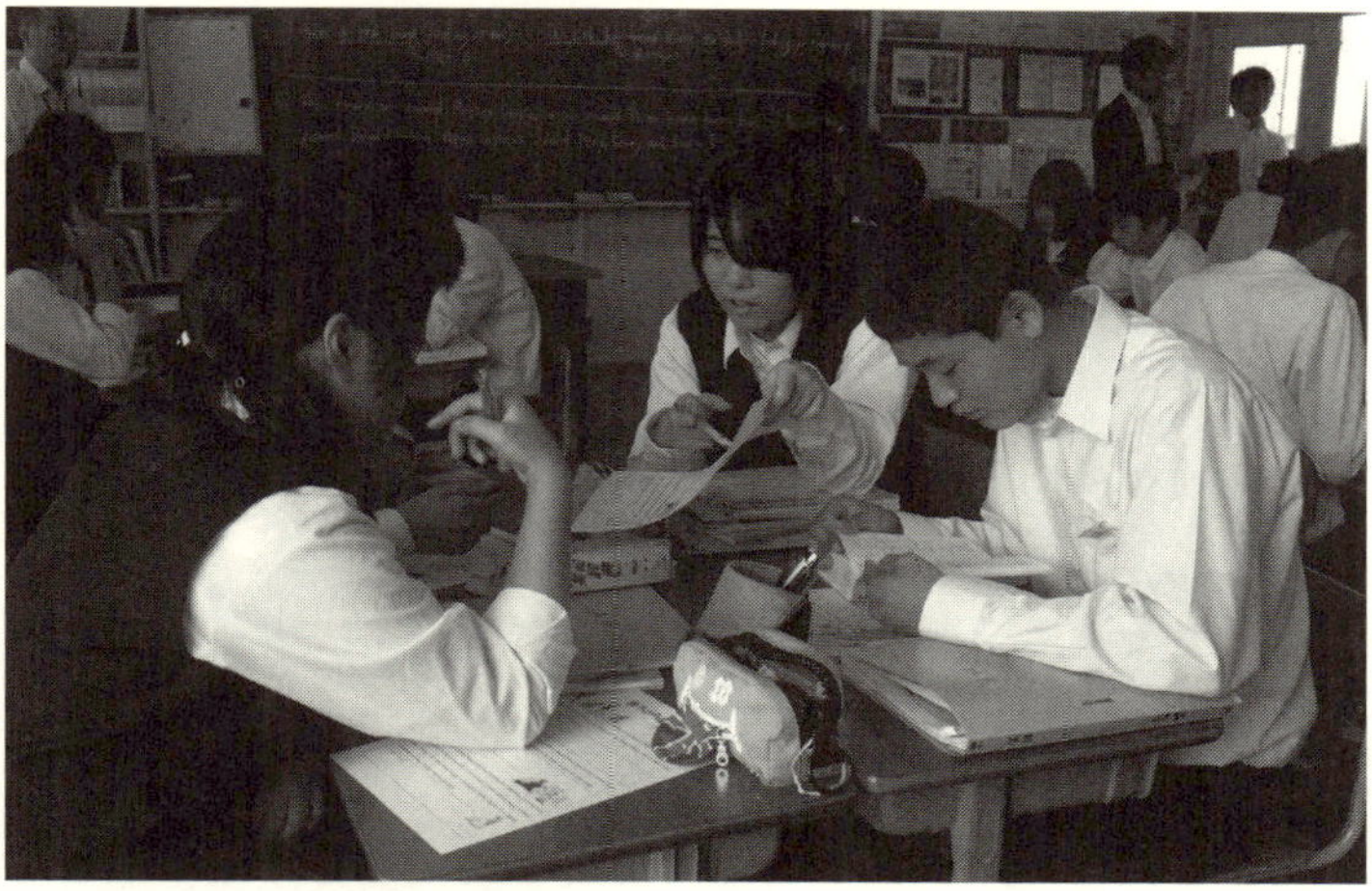

山形県新庄中学校の授業風景。

この数か月、いくつもの教室で〈ジャンプの課題〉づくりの卓越した実践に遭遇してきた。たとえば、長野県木島平村の木島平中学校の塩崎充昭さんの「光の反射」（中学1年）、通常の「入射角と反射角が等しい」実験を行った後、〈ジャンプの課題〉で反射板（自転車、夜間工事の服、道路標識）を使って、反射板ではどの方向から光をあてようとも発光源に向かって光が反射してくることを実験で示し、小さな反射板を一人ひとりの生徒にわたして、グループで「反射板の秘密」を探究する学びを組織した。ほぼ半数のグループが、顕微鏡で観察したり鏡のモデルづくりをとおして、反射板に無数のプリズムが埋め込まれていることを発見している。

山形県新庄市の新庄中学校の佐藤さんが行った中学3年英語「関係代名詞」の授業「『これはのみのぴこ』（谷川俊太郎文・和田誠絵）の英訳」も圧巻だった。この絵本は1ページ目が「これはのみのぴこ」、2ページ目が「これはのみのぴこのすんでいるねこのごえもん」、3ページ目が「これはのみのぴこのすんでいるねこのごえもんのしっぽふんづけたあきらくん」…というように次々と文節が重なり複雑になっていく絵本である。最後は「……のみのぷち」で終わる。この授業では、この絵本の英訳が〈ジャンプの課題〉として提示された。関係代名詞が20以上もありそうな文章である。生徒たちは八つのグループで、この長文を分担して英訳に取り組み、夢中になって完成させた。

この〈ジャンプの課題〉が優れているのは、最後になって結論がわかる日本語の膠着語としての文の構成と、最初に結論が提示され、後置修飾によって文がつくられる英語の文の構成が、活動によって端的に学べることにある。すなわち、英文では「これはのみのぷち」が最初にきて、日本語の最後の文節からせりあがって「これはのみのぴこ」が最後に表現される。この後置修飾を可能にしているのが関係代名詞なのである。最後に英文を完成させた生徒たちが歓喜の声を上げたのは言うまでもない。

長野県茅野市長峰中学校の飯山祥さんの数学「反比例」（中学1年）の〈ジャンプの課題〉も秀逸だった。この授業では視力測定の「ランドルト環」の大きさと「視力」との関係が反比例であることを〈共有の学び〉で探究したのち、マサイ族が視力7・0であることを示し、その驚異的な視力を測定できるランドルト環を作成する〈ジャンプの学び〉が組織された。

先々週訪問した栃木県下野市の国分寺中学校の松永祐樹さんの「電流の性質とその利用」（中学2年）の授業では、〈共有の学び〉で家庭配線が並列であることを作図する活動を行った後、1階と2階をつなぐ階段の二つのスイッチが一方で点けて他方で消せるようになっているのは、どのような配線になっているのかを探究する課題が〈ジャンプの学び〉として提示された。電球と豆電球とコードを使ってグループごとに探究する学びである。かなり高いジャンプだが、半数以上のグループが見事に課題を達成した。（読者の方々も、この配線図づくりに挑戦してみてほしい。意外なほど単純な構造だが、それを発見することはかなり高度であることが知られるだろう。）

もう一つ例をあげよう。先週訪問した神戸市の福田中学校では2年目の教師、伊藤良平さんが「円周角の定理の活用」（中学3年）で、「方べきの定理」の証明を〈ジャンプの学び〉で挑戦していた。直線ＡＢと直線ＣＤが円内あるいは円外のＰで交わる時、PA×PB＝PC×PDが成り立つことの証明である。この課題は高校レベルの課題であるが、学力の困難な生徒が多い教室で、見事な学び合いが実現していた。

〈ジャンプの学び〉の効用

学びの共同体の改革を推進する学校において、〈ジャンプの学び〉はどこでも実践されている。何よりも子どもたちは〈ジャンプの学び〉が大好きである。〈共有の学び〉(教科書レベル)から〈ジャンプの学び〉に移行すると、「よっしゃ」という歓声が教室に響きわたる。しかも、話し合う関係ではなく聴き合う関係、教え合う関係ではなく学び合う関係が組織されている教室では、低学力の子どもほど〈ジャンプの学び〉が大好きで、夢中になって取り組んでいる。なぜだろうか。そこには二つの秘密が隠されている。一つは、〈ジャンプの学び〉は、グループ内の4人の学びに対等性をもたらすことである。グループ内の4人を細かく観察すると、学力や知識における差は大きいけれど、思考し探究する能力の差は驚くほど小さいことに気づくだろう。もう一つは、低学力の子どもの学び方にある。基礎から発展へ、理解から応用へと移行できるのは学力の高い子どもたちである。学力の低い子どもたちは発展的な学びを通じて基礎を体得し、応用を通じて理解を形成している。この二つの秘密が、〈ジャンプの学び〉における低学力の子どもたちの夢中さを支えているのである。

したがって〈ジャンプの学び〉の効用は、真正の学びの実現においても、学力の達成においても絶大である。私は、これまで絶望的なほどの低学力の学校において〈ジャンプの学び〉によって「奇跡的」と呼ばれる学力向上を達成してきた。2年から3年の持続的な取り組みを必要とするが、各教科10点、20点の飛躍的な向上は一般的である。なかには各教科30点、40点平均点を上げた学校も少なくない。先々週に訪問した関西の小学校では、難関とされる灘中学校入試の過去問題を継続的にジャンプ問題として取り組んだ結果、全国学力テストの4段階でAランクが60%に達し、Dランクは3%に減少していた。学びの共同体の改革を5年間継続した成果である。

〈ジャンプの学び〉の効用は、しかし学力の向上よりも何よりも、子どもたちが思考し探究し学び合う歓びを実感し、学びの主権者として育つことにある。そこに最大の魅力がある。

人権学習としての学びの共同体

個人の尊厳を学ぶ道徳

日本列島を寒波が襲った２０１７年１月20日、紀伊半島南端の熊野市の木本中学校（川村宏也校長）を訪問した。この日の公開研究会の提案授業は「道徳・人を大切にすること」（中学２年・授業者・畑野祥久）だった。畑野さんは人権学習の実践を探究してきた中堅の教師。同校には今年度から着任した。教室に入ると、生徒同士の温かな関係がもたらす柔らかい雰囲気が心地よい。同校の掲げる学校像「一人ひとりの安心できる居場所がある学校」を体現した教室である。

この道徳の授業は、ＡＣ広告の短いＤＶＤを視聴するところから開始された。「命は大切だ。命は大切に。そんなこと何千何万回言われるより、『あなたが大切だ』誰かがそう言ってくれたら、それだけで生きていける」というメッセージが流れる。その後はすぐに『命は大切だ』と『あなたが大切だ』の違いについて」探究し合うグループ活動である。生徒たちは、それぞれの考えを交流しつつ、各自が自分の考えをワークシートに言語化している。「あなたが…はより切実にひびく」「言葉の重みが違う」「あなたが…は、自分の存在の大切さを語ってくれている」「あなたが…の方が嬉しい気持ちになる」などなど、生徒一人ひとりの感性がうかがえる言葉が続く。その交流の後は「ジャンプの課題」であり、「あなた（一人ひとり）を大切にすることの意味について、自分の経験に照らして言葉にする」課題でグループ活動が行われた。

このグループ活動においても、それぞれが自分の考えを文章化する活動が展開された。「一人ひとりの存在の重さ」「個性を尊重し合うことの大切さ」「いろいろな視点で物事を見る大切さ」「思いやり」「助け合うことの大切さ」「違いを認め合える関係」「共に生きることの大切さ」など、「もう深く考えすぎて頭がパンクする」と笑いながら生徒たちは夢中になって語り合っていた。白紙の生徒も数人存在したが、その数人の生徒たちは他の誰よりも深く考え合い、言葉にならなかった生徒たちである。「個人の尊厳」という概念を咀嚼して言葉にするのは、私たち大人にとっても難問である。深く考えれば考えるほど白紙になってしまった生徒の様子は、それ自体が感動的である。

個人の尊厳を学ぶ畑野先生と生徒たち。

思春期の子どもたちが、このテーマのような哲学的な探究を行うことは、とても重要である。この授業を参観して、言葉では明示されなかったが、畑野さんが「個人の尊厳（dignity）」という人権思想の中核の概念を正面から授業のテーマとして扱ったことに対して、深い敬意と感銘を覚えていた。その直球の問いに対して自分の経験と言葉を総動員して探究した生徒たちも素晴らしい。

この授業が新しい道徳教育の在り方を開拓していることも素晴らしい。これまでの道徳教育は大別して三つの様式で行われてきた。最も問題なのは「教化主義の道徳教育」であり、「思いやり」とか「やさしさ」とかの道徳的な「心」を教え込む様式である。17年ほど前から、「心の教育」としてこの傾向が『心のノート』によって現場に浸透したのは嘆かわしい限りである。戦後日本の道徳教育は長らく、戦前の教化主義の修身教育への反省にもとづいて、コールバーグの理論にもとづき、道徳的判断の発達が目的とされ、多様な価値観や多様な考え方を尊重し合う寛容な合理的精神の教育を追求してきた実績がある。そのうえで、カントの倫理学を基礎とする「規範主義の道徳教育」の系譜と、道徳的判断は規範からではなく状況に応じて最善の道を求める「状況主義の道徳教育」の系譜が併存してきた。

畑野さんの道徳の授業は、もう一つの可能性を示唆している。市民的教養としての道徳概念の形成を求める道徳教育である。この授業は「個人の尊厳」という立憲主義の根本精神（日本国憲法の中核でもある）にもとづく市民的モラル、公共的モラルの根本を理解する目的で実践されている。まさに人権学習としての道徳教育といってよい。しかも、ＡＣ広告のメッセージからの学びのデザインも秀逸である。

人権学習としての学びの共同体

近年、人権学習として学びの共同体の実践を展開する学校が、関西地方を中心に拡がりを見せている。もともと学びの共同体の改革は、一人残らず子どもの学びの権利を実現することを中心的な目的として掲げてきた。人権学習として学びの共同体の実践が拡大するのは必然的な展開である。子どもにとって学びの権利は人権の中核に位置づいている。学びの権利は生きる権利の中心であり、子どもにとっては希望の中心である。

1か月前に訪問した東大阪市の金岡中学校(小林康行校長)の公開研究会で参観した「数学・円の性質」(中学3年・授業者・田野翔一)も、人権学習としての学びの共同体の実践として印象深い授業だった。同校は14年ほど前、馬場宏明校長が学びの共同体の改革を「金岡文殊」として導入し、厳しい生活環境を生きる生徒たちの学びを支援して画期的な成果をあげてきた学校である。私は毎年同校を訪問し、生徒たちの厳しい現実とその現実をまるごと引き受けて学びの実践を推進してきた教師たちの同僚性に学んできた。同校は、改革当初から「人権学習」として学びの共同体の改革を推進してきた。その意味でのパイロット校と言ってよい。

田野さんの担任する3年生のクラスには、何人も厳しい現実を生きることを余儀なくされた生徒たちが存在する。田野さんは「もし僕が彼(彼女)だったら、何度も自殺しただろう」と、その厳しさを表現していた。私自身、この教室の生徒たちの姿から彼らの暮らしを想像して涙することも多かった。そのクラスでの授業である。

この1年間、金岡中学校では「ジャンプの学び」を授業において積極的に導入することによって「夢中になれる協同の学び」を創出し、それによって一人残らず学びの権利を実現する学校づくりを追求してきた。低学力に悩む子どもたちのクラスであればあるほど、そして厳しい現実を抱えた子どもたちが存在するクラスであればあるほど、学びの共同体の改革では「ジャンプの課題」を重視し、高いレベルの探究を協同の学びとして組織する。それ以外に低学力から脱する道がないからであり、「ジャンプの課題」は生徒たちを夢中になる学びへと誘い、学び合い探究し合う関わりを濃密にし豊かにするからである。学び続ける子どもは決して崩れない。厳しい現実を生きる子どもにとって学びは「闘い」なのである。その信念が教師たちを支え、生徒たちを支えている。

見えない生徒たちの関わり

田野さんの授業では、円周角と中心角の関係、円周角の定理の応用として円外図形の角度を求める〈共有の問題〉と〈ジャンプの問題〉の二つの協同的学びがデザインされていた。〈ジャンプの問題〉は、かなり複雑で相当に高度の問題である。予想通り、生徒たちは〈ジャンプの問題〉において、〈共有の問題〉以上に夢中になって学びに専念し、聴（訊）

き合い探究し合う学び合いを実現していた。

この授業の最後の場面で象徴的な出来事が起こった。同校の生徒たちの中でも最も厳しい境遇を生きてきた達夫（仮名）が、身を乗りだして隣の女の子に問いかける行動を起こしたのである。達夫は通常、学びには参加しているが、ほとんど無口で、しかも低学力のため中途で諦めてしまう。その達夫が解答ではなく解き方のヒントを求めて行動を起こしたのである。

同校の前校長たちは「わからなくて黙っている生徒が仲間にわからないと言って援助を求めるようになる、これが人権の学びの出発点になる」と語っている。そのとおりだと思う。わからないと言えない生徒は、その生徒の心の中にいくつもの重い壁を抱え込んでいる。その不安と恐怖と絶望からの解放と仲間への信頼が大きな一歩となるのである。

しかし、この授業で、一人だけあまりの低学力のため、協同の学びに参加できない生徒がいた。健司（仮名）である。健司は教師の説明や全体の交流による学びには参加しているのだが、グループの学びでは一人孤立していた。〈ジャンプの学び〉では、一人で挑戦はしているのだが、仲間の心配りに対して無反応であった。

授業後、この授業だけでは見ることができなかった一つの出来事を田野さんから知らされた。この日の朝、達夫が不安で学校に来ないのではないかと心配した健司が、登校前に達夫の自宅を訪問し、達夫を励まして学校に連れてきたのだという。

もろさを抱えた生徒を最も支えることができるのは、もろさを抱えた生徒たちである。私は、この事実を聞かされて、授業中、何度も学びを投げ出しかけていた健司の姿しか見ていなかった自分の想像力の欠如を恥じた。と同時に、なぜ、達夫が授業の最後の場面で、勇気をもって隣の女の子に援助を求める行動を起こしたのかという疑問に対する一つの示唆を得ることができた。教室で見える出来事の裏側には、見えない物語が豊穣に潜んでいる。さらに言えば、日頃、生徒たちと苦楽を共にしている田野さんの教師としての関わりも実感することができた。

各地の学校を訪問するたびに痛感することは、年々深刻化する子どもたちとその家庭の暮らしと人間関係の厳しさである。「人権」という言葉が宙に浮いてしまうほど、子ども一人ひとりの個人の尊厳は踏みにじられ、貧困と孤立と不安と絶望の連鎖が子どもたちを襲っている。多くの子どもたちが無権利状態に放置されていると言ってもよい。こんな時代であればこそ、人権学習としての学びの共同体の改革が切実に求められているのだろう。その期待に応えるために、何ができるのか。原点にもどって問い続けたい。

低学力からの脱出
―成功した学校の挑戦から学ぶ―

学力向上は「目的」ではなく「結果」

学びの共同体の改革における学力の向上は「奇跡的」と言ってよい。私が訪問する学校の多くは困難校であり、低学力に悩む学校である。しかし、ほぼすべての学校が、各教科の平均点を10点から20点以上も向上させる。30点から40点あるいはそれ以上向上させた学校も珍しくない。この「奇跡」をこれまで1千校以上の学校で経験してきた。その秘密は、どこにあるのだろうか。

学力向上のメカニズムは、一般の人が想定している以上に複雑である。ＯＥＣＤ・ＰＩＳＡ調査委員会が膨大なデータを使って、個人指導、補習授業、宿題、塾などのどれが学力向上に有効かを調査したことがある（ＰＩＳＡ２０１２レポート）。その結果は当の調査委員会にとっても意外なもので、「いずれも効果が認められない」であった。わずかに宿題が上位層にとって効果がある結果を示しただけだという。そうだと思う。通常の授業以上に有効な方策はないし、学力向上のメカニズムはきわめて複雑なのである。

一方、どんな取り組みを行っても、わずかであれば成果があがるのも事実である。いわゆる「ホーソン効果」である。（ホーソン工場の作業効率を高めるために照明を明るくする実験を行うと生産性があがったが、逆に暗くする実験でもさらに生産性があがった。つまり実験それ自体による効果なのである。）「完全習得学習」のホーソン効果に関するアメリカの数々の研究が示しているのだが、学力向上の短期的効果は「ホーソン効果」であり、長期的効果でなければ学力向上の効果は測定できないのである。

学びの共同体の改革において、学力向上は長期的効果として現れる。通常、2年後に一気に向上し、その効果は長期にわたって持続する。その秘密の一つは「学力向上を目的としない」ことにある。逆説的であるが、このことの確認が第一義的に重要である。学力向上は「結果」であって「目的」にしてはならない。「学力向上」を目的として取り組んだ学校で、「ホーソン効果」を除外して学力向上を達成した学校はどれほど存在しているだろうか。しかも、公教育の目的は「学力向上」にあるのではない。一人残らず学ぶ権利を保障し、質の高い学びを平等に実現することにあり、民主主義の社会を準備することにある。その結果、学力が向上するのである。目的と結果を取り違えてはならない。

奇跡を生み出した学校

学びの共同体の改革の学力向上の秘密は三つある。一つは「誰もが安心して学べる教室づくり」であり、二つ目は「聴き合う関係による協同的な探究」であり、三つ目は「ジャンプの課題による真正の学びの追求」である。この三つの具体的な姿を紹介しよう。

２０１７年1月と2月に訪問した学校の多くは「奇跡」を生み出していた。横浜市汐入小学校（井津井公次校長）、三重県御浜町阿田和小学校（川本伸司校長）、大阪府茨木市豊川中学校（草場信幸校長）、豊川小学校（為乗晃校長）、郡山小学校（吉田明弘校長）などである。いずれも、学びの共同体の改革によって、各教科の平均点を20点から50点以上も向上させた学校である。それらの学校は、いずれも先の三つの条件を満たして奇跡を生み出してきた。

茨木市豊川中学校区の学びの共同体の改革は10年以上、持続している。3年前には、郡山小学校が、2年連続で各教科20点以上の学力向上を達成し、ＮＨＫのニュースで特集され、朝日新聞でも一面を割いて報道された。3校を訪問すると、どの教室でもペア学習とグループ学習中心の授業が実現し、一人残らず学びに夢中になって取り組んでいる。他のどの学校よりも厳しい現実を生きる子どもたちが、一人も一人になっていないし、共に学び合う喜びを笑顔でかわしながら高いレベルの学びに挑戦していた。

横浜市汐入小学校は鶴見区の臨海地域にあり、私がこれまで訪問した学校の中で最も困難な学校の一つであった。最初に汐入小学校を訪問した時の光景は忘れられない。外国籍につながる子が多数存在し、家庭崩壊や貧困に苦しむ子も多く、サファリパーク状態、教師たちの疲弊は限界状況に達し、学力レベルも低かった。学力テストのダイアグラムを見て「このクラスはテストを実施しなかったのですか」と校長に質問したほどである。その学校が、3年間で「奇跡的」と言える改革を達成した。今回訪問して、どの教室も子どもたちが学び上手に成長していることに驚いた。一人ひとりの関わりがとても繊細で優しいのである。この相互に支え合う優しさが不登校ゼロを実現し、奇跡を生み出したと言ってよい。「誰もが安心して学べる教室づくり」「聴き合う関係による協同的な探究」「ジャンプの課題による真正の学びの追求」の三つの条件のすべてが、子どもたちと教師たちを支えている。実際、同校の成果は著しく、かつて市内250校の最低レベルであった学力は全国平均に達し、学年によっては平均点を3倍以上に伸ばしていた。「奇跡」と言ってよい達成である。

低学力からの脱出の鍵

どのような実践によって低学力からの脱出は可能になるのだろうか。その一つの典型を三重県御浜町の阿田和小学校の事例で紹介しよう。同校は、かつて全国平均を基準として各科目の平均点がマイナス10点以上からマイナス30点以上のレベルで苦しんでいた学校である。その学校が科目によっては40点近くも上げ、全国平均よりもプラス7点から9点以上のレベルに向上させている。その秘密はどこにあるのだろうか。

同校への訪問は今年で3回目、すべての教室を観察すると、低学力から脱却した学校に共通している特徴が顕著である。コの字型の机の配置で一人も一人になっていない。聴き合い助け合う関係がすべての教室で成立している。教師のテンションが低く、誰もが安心して学びに夢中になれる静かな教室が生まれている。ペア学習（1、2年生）とグループ学習（3年生以上）による協同的学びを中心に授業が進められている。ジャンプの学びをどの授業にも取り入れ、探究的思考が組織されている。アートの学び（美術、音楽、文学、詩など）が重視されて想像力の発達が促されて、「細やかさ」と「丁寧さ」が育てられている。これらの特徴は、学びの共同体の改革を実践している学校に共通した特徴である。

夢中になって学ぶ阿田和小学校の子どもたち。

この公開研究会の提案授業は、2年目の教師、松本朱加さんによる3年生の算数「かけ算の筆算」であった。このクラスには低学力に苦しむ子どもたちが多い。この授業を参観して、子どもはどこでつまずくのか、なぜつまずくのかについて、多くのことを学ぶことができた。この授業では、「共有の課題」として「1個89円のボールを12個買います。代金はいくらですか」を10分ほど行い、そのあと「ジャンプの課題」として「針金を使って一辺24cmの正方形を48個作ると、92cmあまりました。針金は何mありましたか」に挑戦した。「共有の課題」でつまずく子が数人はいたが、すぐに全員正解に達した。前時の授業も参観したが、その時は2桁の筆算で何人もつまずいていた。博人（仮名、以下同様）は、筆算のやり方は部分部分で正しく理解しているのだが、10問中1問しか正解になっていなかった。つぶさに観察してわかったが、博人は「早く計算する」ことだけに必死で、どこかでまちがえてしまうのだ。しかも、博人のノートは乱雑で桁がそろっていない。その博人は、提案授業で「共有の課題」はクリアしたが、「ジャンプの課題」が提示されると、いきなり「24＋48＋92」と立式して計算を始めた。「ジャンプの課題」になると、グループで取り組んでいるのに、16人が16通りの計算を行っている。最も多かったのは「24×48」であった。そのうち2人だけが「24×48×4＋92」と進み、正解に達した。あとの14人は、各人各様のつまずきでもがいている。つまずく子どもは多様で個性的なのである。「わからない」と言えない広美と和美と達樹も、仲間のつぶやきを聴いて、それぞれ何度も試行錯誤するのだが、自分で論理を構成することができない。

つまずきは各人各様だが、共通点も確認できる。通常、文章題が苦手なのは文章の読解ができないからだと言われるが、そうではないだろう。この子たちは文章が表現する量のイメージと関係が思い描けないのである。「どういうこと？」と問う前に、「どうする？どうする？」という問いにとらわれている。さらに根本的な問題を指摘できる。小学校の算数は「一当たり量」と「10進法の構造」の二つの基本概念で構成されているのだが、この二つの基本概念の獲得が不十分である。たとえば「24×4」（一つの正方形＝一当たり量）から計算した子は一人もいなかったし、何と義弘のグループは「4700㎝」まで到達しながら、1m＝60㎝と誤解して、まだ習っていない2桁の割り算でもがいていた。

しかし、このクラスの子どもたちの素晴らしさも感動的だった。どの子も自分の学びと仲間との学び合いに夢中なのである。松本さんが見るに見かねてヒントを出そうとすると、教室中から悲鳴と懇願の声があがる。「待ってえ、お願い、待ってえ！」「あと3分、あと1分だけ、お願い！」「もう少しなんや。もう1分、待ってえ！」「お願いします。待ってください、お願いします。（両手をついて）このとおり」「今まで友達のを見てたんや、自分でやりたいんや！」という悲鳴と絶叫である。これが何度も何度も繰り返された。一人残らず学びの主人公に成長している姿は圧巻である。そして、これほど学びに夢中になれる子どもたちは希望でもある。このエネルギーが同校の奇跡の根っこに息づいている。それこそが、結果としての学力向上よりも貴重な成果と言うべきだろう。

学びの共同体の20年
―これまでとこれから―

始まりの永久革命

２０１７年4月、学びの共同体の改革は20年目を迎えた。１９９８年4月、茅ヶ崎市浜之郷小学校（創設当時・大瀬敏昭校長）が、最初のパイロット・スクールとして誕生して20年である。私が、学びの共同体の学校改革をデザインし実践を開始した時期は、さらに10年以上さかのぼるし、この改革の構想を準備し実践化する挑戦を開始したのは、さらに5～6年以上も前、今から35年ほど前になる。浜之郷小学校の創設以前にも、いくつもの小中学校で同様の改革を試行していた。しかし、学びの共同体の改革の理念と哲学と活動システムをトータルに実現させたのは、１９９５年に開始した新潟県の小千谷市小千谷小学校（当時・平沢憲一校長）と１９９７年からの長岡市南中学校（当時・平沢憲一校長）

の改革であり、その前史を受け継いだ浜之郷小学校の創設であった。浜之郷小学校は、それまでの改革事例とは異なり、茅ヶ崎市議会の決議と同市教育委員会の政策において「21世紀型の学校としての学びの共同体」というヴィジョンを明示したパイロット・スクールであり、同校の創設によって改革が一挙に全国化した意味から言っても、学びの共同体の改革の起点と言ってよいだろう。

「一つの学校が日本の教育を変え、世界の教育を変える」という信念は、教育学の研究を開始した大学院進学のころから持ち続けていた。学校改革は至難の事業である。歴史的に見ても、学校改革を実現した実例はわずかである。今日まで最も影響を持続しているジョン・デューイの実験学校でさえ、学校改革の実践は1896年から1904年の8年間だけであった。しかし、逆に言えば、その小さな学校の小さな実験がこれまで1世紀以上にわたって世界の学校を動かし続けたことも事実である。一つの学校が地域を変え世界を変えるのである。しかし、その一つの学校を創出することがいかに困難なことかは、私自身も痛いほど身にしみて感じてきた。一つの学校を創出するためには、これまでの学校改革の無数の失敗と挫折の経験と断片的な成功の経験のすべてから学ばなければならないし、教育学諸分野の最新の知識を総合し、最先端の思想と哲学を実践化して具体的な事実に結実させなければならない。さらに、その構想と哲学と活動システムが現実化する状況を生み出さなければならない。それらすべてにおいて、浜之郷小学校における改革の始動は、歴史的事件だったと思う。

浜之郷小学校の創設にあたって私が最も意識していたのは「公教育の可能性」を現実化することであった。当時、教育改革の政策とイデオロギーは新自由主義によって支配され、公立学校と教師はマスメディアを通じて批判と非難の的となり、日本の公教育は危機に瀕していた。公教育を擁護しその可能性を開くためには、どうしても21世紀型の学校のパイロット・スクールの創設が必要だったのである。

20年間を振り返って

「一つの学校が世界を変える」という信念は現実となった。浜之郷小学校の創設は、全国各地の学校改革の発火点となった。同校を訪問した教師の数は、国際的に見ても最多であり、国内外の歴史を見ても最多である。それほど改革のインパクトは大きかった。3年後の2001年には富士市岳陽中学校（当時・佐藤雅彰校長）において中学校における学びの共同体の学校改革が着手され、同校は中学校の最初のパイロット・スクールとなった。それまで県下でも有数の困難校であった岳陽中学校で、一人残らず生徒たちが夢中になっ

創設のころの浜之郷小学校の子どもたち。

て学び合い、教師たちが創造性を発揮して授業を革新したのである。同校の生徒たちが学び合う姿を目の当たりにして、私は一日中、身体の震えが止まらなかった。「現実となった。これからどうしよう」という不安と怖れによる震えである。今日までの爆発的普及を予測したことによる不安と怖れである。さらに5年後の２００６年には、それまで断続的に実現していた高校の学びの共同体の改革も本格化し、東京大学教育学部附属中等学校（当時・草川剛人校長）が改革を開始し、広島県安西高校、静岡県沼津西高校、滋賀県彦根西高校がそれに続いた。

海外における学びの共同体の改革も並行して展開した。２０００年頃から韓国で私の教え子で当時新羅大学、後に釜山大学に勤めた孫于正《ソン・ウジョン》さんが釜山とソウルにおいて学びの共同体の改革を導入し、2002年からはメキシコにおいて教育省の顧問として私が毎年のように訪問し、メキシコシティをはじめ各地において学びの共同体の改革が実践された。2003年にはアメリカにおいてハーバード大学、ブラウン大学、ニューヨーク大学において学びの共同体の改革の試みを実践し、アメリカ教育学会大会の会長招待講演（2006年）を契機としてペンシルバニア州立大学など各地に学びの共同体の改革を推進するグループが結成された。同じく中国においても人民大会堂の教育会議の開幕記念講演（2006年）を契機として学びの共同体の改革が全国に拡がり、同年、JICAのプログラムによってインドネシア、そして翌年にはベトナムにおいても学びの共同体の改革は国家政策の一部に採用されることとなる。そして2012年には台湾とシンガポールにおいて、近年は香港とタイにおいて、学びの共同体の改革は拡大を見せている。

これら海外における学びの共同体の改革に通底しているのは、「21世紀型の学校と授業と学び」を追求する改革のうねりであり、新自由主義に抗して社会民主主義の教育を希求する教育の民主化の潮流である。

これまでとこれから

現在、学びの共同体の改革は、多極的なネットワークによって展開している。国内でこのネットワークに参画しているスーパーバイザーは１００人を超えている。改革の拠点として機能しているパイロット・スクールは約３００校、それらの学校が近隣の教師たちを対象にして公開している研究会は年間1千回以上に達している。全国各地に50以上の「学びの会」が組織され、それらの「学びの会」は月例会を開催して、多数の教師たちが実践の交流と研修を行っている。海外も同様である。それぞれの国において学びの共同体研究所もしくは改革のネットワークが組織され、パイロット・スクールが建設されている。そして、毎年学びの共同体の国際会議が開催され、これまで16か国の研究者と教師たちが各国の改革の実践と研究を交流してきた。

学びの共同体の改革は国により地域により学校により多様である。学校の数だけ教室の数だけ多様な改革の実践が遂行されている。しかし、いずれの改革も共通のヴィジョンと哲学と活動システムを共有している。一人残らず子どもの尊厳を尊重し学びの権利を実現して質の高い学びを保障すること、一人残らず教師の専門家としての成長を実現すること、大多数の保護者の信頼と連帯による改革を推進することがヴィジョンであり、「公共性の哲学」「民主主義の哲学」「卓越性の哲学」を思想原理として、「聴き合う関係」にもとづく「真正の学び」と「ジャンプのある学び」を追求し、同僚性の構築によって教師たちの学びの共同体を建設している。このヴィジョンと哲学と活動システムによって、学びの共同体の改革は草の根のネットワークを構築してきたのである。

学びの共同体の改革は、これからどのように展開するのだろうか。あるいは、どのように展開すべきなのだろうか。その問いは現在の改革の実践と研究の中にしかない。これまでも、そうであった。いつも現在にすべてをかけるしかないという歩みが20年間の歩みであった。これからもそうだと思う。振り返ってみると、この20年間、学びの共同体の改革のヴィジョンと哲学（理論）と活動システムはほとんど変化していない。私自身、いつもヴィジョンと哲学（理論）と活動システムを破壊し創造し直す衝動にかられているが、どう思案し挑戦してもこれ以上のものは見出せない。それが20年間の歩みであった。私の怠慢ではないかと自問自答を繰り返しているが、日々の活動と思索をとおして、やはりこれ以上のものを現在のところは見出せていない。

とはいえ、20年間の持続によって、少しずつ力点が異なってきたことも事実である。改革の当初は「聴き合う関係」づくりが最も重要であった。「聴き合う関係」づくりは、対話的コミュニケーションと学び合う関係とケアの関係と民主主義の関係を実現する根本であり、その構築自体が優れて政治的、思想的、倫理的な価値を持っている。これは現在も変わらない真理である。それと同時に力点を置いたのが、授業協議会における「リフレクション」であった。教室における子どもの学びを詳細かつ関係論的に認識し、リフレクションを通じて教師としての見識を高めて、校内に専門家共同体を形成するアプローチである。その次に力点を置いたのが「ジャンプのある学び」である。「ジャンプの課題」は、子どもの協同的学びを探究的にして真正の学びへと誘う効果がある。さらには教師の専門的力量を高めるうえで有効であった。その次には「真正の学び」を力点とした。「ジャンプのある学び」が浸透したからこそ「真正の学び」の追求が現実化したと言ってよいだろう。そして現在、これまでを総合して「学びのデザイン」を力点として追求している。

今更ながら、学校の改革と授業の改革は至難の事業だと思う。学びの共同体の改革は、その入り口を準備しているにすぎないとも思う。学びの哲学（理論）をいっそう洗練させる必要と学校改革の政治学と美学と倫理学をいっそう深める必要も痛感している。始まりの永久革命をこれからも継続して、未来への希望を育みたい。

新しい学年の始まり

新たな子どもたちとの出会い

新しい学年の始まりは、新しい子どもたちとの出会いをとおして、1年間の見通しを育てる出発点でもある。神奈川県茅ヶ崎市浜之郷小学校の村松路代さんは、次のような珠玉の言葉で記している。

「今年度、2年生の担任となった。長らく高学年の子どもたちと過ごしたせいか、低学年の子どもたちの素直でストレートな言動や行動の数々に、ときに驚かされたり、ときにくすぐったく感じながら日々を過ごしている。なかでも驚いたのは、4月、遠足の帰り道のできごと。帰り道の途中、休憩をとった公園で真人君（仮名、以下同様）が、弓なりに曲がった枝を拾った。真人君はその枝を持ち帰りたいが、お母さんに落ちていた物を拾ってきてはダメと言われていたことを思い出し、悩む。そこで私が『じゃあ、次の川沿いの道で、その枝とさよならしてね』と伝えると、真人君はうなずき、再び歩き始める。そして時が経ち、いよいよ川沿いの道の終わりが近づいてきた。『そろそろ道が終わるから、枝とさよならだね』と、真人君に声をかけると、背中越しにこんな会話が聞こえてきた。

真人『(枝を耳にあてながら) この枝が浜之郷小学校に行きたいって言ってる。』

和弘『えっ！おれにも聞かせて！(枝を耳にあてて) あー、ほんとだ！おれにも聞こえた。』

真人と和弘『先生、この枝が浜之郷小学校に行きたいって言ってるよ！先生にも聞こえるか、やってみな！』

私『う、うん…(枝を耳にあてて) ごめん。先生には聞こえなかった…。』

その後、学校へ到着。枝を手にした私に気づいた悟君が話しかけてきて、話は続く。

悟『先生、その枝、どうしたの？』

私『真人君が拾った枝なんだけど、真人君がこの枝が浜之郷小学校に行きたいって言ってるのを聞いたんだって。だから連れてきたんだ。悟君には聞こえる？』

悟『(枝を耳にあてて) うん、うん…今度の遠足の時もいっしょに行きたいって言ってる！』

村松さんと子どもたち。

私は、この会話を聞きながら、まるでメルヘンの世界に入り込んだかのような不思議な感覚になった。」

この文章を読むと、村松さんが新しい低学年の子どもたちと出会った「くすぐったく感じる」関わりが目に浮かぶようである。ここに登場する真人君と和弘君は、1年生の時から喧嘩ばっかりしている二人である。この体験から村松さんは、今年（2017年）の個人研究テーマを「つながり、楽しむ表現活動」にすることとした。いつも喧嘩ばっかりの真人君と和弘君、「間に二人をつなぐ〈何か〉があれば、心を通わせることができるということを実感している。そして、その〈何か〉とは、ときに〈枝〉だったり、ときに〈蕗の薹〉だったりするのだ。」そう、村松さんは締めくくっている。

私が同校を訪問した日、村松さんは教室よりも広いふれあいホールで、１千個を超える色とりどりのペットボトルのキャップをいくつもの段ボールに入れ、２年生の子どもたちと「いろいろ、並べて」の図工の授業を公開した。浜之郷小学校の子どもらしく、34名は一人ひとり個性的な存在感があり、自然体でのびのびしている。村松さんの魔術のような関わりで、どの子もつながり一人ひとりの学びが室内楽のように響き合っているのも素晴らしい。

前時の教室での造形作品から「線」「形」「色」の特色をカラー写真で見せた後、「つみあげ」というアイデアも入れて、「ならべかたやくみあわせかたをかんがえながらならべてみよう」という課題が示される。そして一人ひとりがペア（あるいは３人）でキャップがいっぱい入った段ボール箱を共有して創作に挑戦する。一人ひとりの創作活動が、自然とペアか３人の共同制作へと発展し、さらに広い床いっぱいのグループの作品が、それぞれつながり関係をつくって、大きな全体の作品へと発展する。最後に、上の階から部屋全体に広がった作品を見て、子どもたちは「うわあ、すごーい」と歓声をあげた。

新しい年度の始まり

２０１７年４月と５月、新しい年度始まりの学校をいくつか訪問した。栃木県足利市の北中学校（阿部正賢校長）、埼玉県飯能市の富士見小学校（平野功校長）、三重県尾鷲市の尾鷲中学校（中野拓也校長）、三重県紀宝町の井田小学校（前田幸利校長）そして前述の浜之郷小学校（野上美津子校長）である。どの学校も、新しい年度を迎え新しい教師と子どもたちを迎えて、新鮮なスタートを切っていた。

足利市の北中学校は、2年前に学びの共同体の改革を導入した学校である。同校は、市内でも困難な学校の一つであり、不登校の生徒が多く、問題行動と低学力に苦しんでいた学校である。その学校が1年間という短期間で劇的な変化をとげている。昨年6月に最初の訪問を行ったのだが、その時にはすでにすべての教室でコの字型の机の配置と男女混合4人グループによる協同的学びが定着しており、一人残らず学びに参加する状況が生まれていた。同校の校区には児童養護施設があり、そこから多数の生徒たちが同校に通っている。それらの生徒たちの背負っている苦悩は教師の想像を超えるほど重い。その生徒たちが、一人残らず学校に居場所を見出している。その姿を教室で目の当たりにして、何度も涙と感動に襲われ、学びの共同体の素晴らしさを実感せずにはいられなかった。どの生徒たちも生徒たちによって支えられ、学びに希望を見出している。その結果、不登校は激減し、問題行動は皆無となり、昨年5月には市内で最下位だった学力が、10月以降はトップに躍進したという。

この日の公開研究会には、市内の教師約１００名が参加した。北中学校の改革が、市内の大多数の学校を動かしたと言ってよい。同校のスーパーバイザーの新村純一さん（元下野市国分寺中学校校長）と市教育委員会の指導主事の支援によって、足利市では学びの共同体の改革は「爆発的」とも言える拡がりを示している。

飯能市の富士見小学校における改革の進展も著しい。同校も学びの共同体の改革を開始して2年弱の学校である。私の訪問は2回目である。平野校長は学習院大学の卒業生であり、その機縁もあって同校との関係が実現した。同校は校区に市営住宅を抱えており、経済的に苦しい家庭の子ども、外国籍の子どもが多い。その学校が、平野校長の知性的でさわやかなリーダーシップによって、子ども同士、教師と子どもの細やかで温かい関わりによって一変し、３４０名を超える子どもたち一人ひとりが学びに真摯に向かい、しっとりとした関係で明るい笑顔のあふれる学校へと変化した。特に印象深かったのは、若い教師たちの授業改革の素晴らしさである。この一年、同校は質の高い学びの創造によって、飛躍的な発展をとげるに違いない。

改革の積み上げで開かれる地平

他方、尾鷲中学校、井田小学校、浜之郷小学校はそれぞれ、長年、改革を積み上げてきた学校である。尾鷲中学校は10年、井田小学校は8年、浜之郷小学校は改革を始めて20年目を迎えている。この3校に共通しているのは、さまざまな困難を抱えている子どもたちが多いことだろう。尾鷲中学校は、1980年代の中学校の校内暴力の出発点となった学校である。その学校が学びの共同体の改革によって「奇跡的」とも言える蘇りを実現した。どの教室を訪問しても、生徒一人ひとりの学び合いが素晴らしい。この学校でも若い教師たちの成長は著しく、その象徴として授業を公開した福山侑希さんの理科（3年）「原子のイオン化」の授業は、原子構造図の作図（共有の課題）から始まり、リン酸イオンの電子配置図からリン酸イオンが何価の何イオンかを探究するジャンプ課題へと展開する高いレベルの圧巻の授業だった。

紀伊半島南端の井田小学校への訪問も印象深かった。同校の学力水準はかつては県下で最低であった。その学校が昨年度は、すべての科目で全国平均を超える成果を達成した。実際、同校の教室を参観すると、1年生から学年を追うごとにおもしろいほど子どもたちは学び成長している。その秘密は、教師たちの授業改革への真摯な取り組みと授業協議会の素晴らしさにある。その改革の創始者であり、同校を支援し続けてきた武村俊志さん（学びの共同体研究会事務局長）とともに、同校の改革の進展を確認し合った。武村さんの授業の鑑識眼は天下一品である。その慧眼がその後の同校の校長3人を支え続け、同校の教師たちの成長を押し上げてきた。武村さんは学びの共同体の授業改革の本意を「一人残らず学びの主権者に育てる」ことと「真正の学び」の実現にあるという。同校においても教師たちの専門性の向上はまばゆいほどである。その勢いが、この一年、同校の発展の推進力となるだろう。

20年目を迎える浜之郷小学校も、村松さんの教室風景で示したように、穏やかでありながら瑞々しい新年度を開始した。同日、村松さんとともに提案授業を行った齋藤智彦さんの国語の授業（6年）「時計の時間と心の時間」も学ぶところの多い授業だった。20分以上、たっぷりと音読と書き込みでテクストとの対話を保障したことにより、子どもたちはテクストの限界を超える批判的思考で読みを交流する学びを実現していた。この日、JICAの要請によりエチオピアから11名の指導主事が参観したが、彼らも齋藤さんの教室の子どもたちの学びについて感動的に語り合っていた。

私にとっても新年度の始まりである。この一年、ますます学校訪問による私自身の学びへの期待が膨らんでいる。

探究的学びを支えるもの

改革の成果

相模原市の上溝南中学校（齋藤敦校長）を訪問した。同校を最初に訪問した時の衝撃は忘れられない。廊下の壁と天井は穴ぼこだらけを修繕した跡が残り、かつて校内暴力が吹き荒れた痕跡をしるしている。同校の生徒数は約６００名であるが、その１割以上が不登校であった。中学校の不登校の全国平均は２％だから、５倍以上の高さである。それ以上に衝撃的だったのは低学力の数値だった。10段階のスケールで、通常ならば5を中心に正規分布を示すのだが、同校の学力分布は１が最多で、その次が2、その次が3という分布であり、1から7まで一直線に下がる分布を示していた。7、8は数えるほどしかなく、9、10は皆無だった。これまで低学力に悩む多くの学校を訪問してきたが、その中でも最も深刻な学校の一つであった。

生徒の荒れ、不登校、低学力の基盤には家庭の崩壊があり貧困がある。相模原市は、小田急線沿いには高所得者層が多いが、相模線沿いになると低所得者層が多い。貧富の格差が大きい市であり、20の政令指定都市の中で所得水準は最低である。旧陸軍の敷地が市の中心部を占め、そのため、上溝南中学校の位置する地域は交通の便が悪い。そのこともあって、同校は、長年にわたって市内の困難校であった。その上溝南中学校が、学びの共同体の改革を開始したのは7年前である。現在はスーパーバイザーとして同校を支えている稲葉茂さんが校長として決断して導入し、その改革を川崎学びの会の馬場英顕さんが支援してきた。私が毎年訪問するようになったのは5年前である。

この5年間の改革の進展は著しい。かつて60名を超えていた不登校の生徒はゼロとなり、問題行動もほぼ皆無の状態が続いており、底抜けだった学力も昨年から全国平均を上回る水準に到達した。10段階のスケールで言えば、1、2、3が激減し、今なお10は0%であるが、5を超えるところを頂点とする正規分布を示すようになっている。劇的な学力向上と言ってよい。しかも、今でも入学時では低学力が深刻であるが、近年は、2年生になると全国平均に回復し、3年生で全国平均を超えている。しかし、より本質的な変化は、問題行動と不登校がほぼ皆無となり低学力が劇的に改善されたことよりも、一人残らず生徒た

親密に学び合う生徒たち。

ちが学びに夢中になる状況が生まれたことだろう。

何が、これほどの変化を同校にもたらしたのだろうか。今回の訪問は、その秘密を発見する機会となった。まず気づくことは、子どもたちの関わりの親密さと優しさである。どの教室を訪問しても、子どもたち相互の心理的距離が近いことに驚かされる。誰一人ひとりになっていない教室は、学びの共同体の学校の特徴の一つであるが、同校の子どもたちの親密さは格別である。そのことは4人グループの学び合いにおける関わりの親密さと優しさと明るさに見ることができる。

教師のポジショニングも素晴らしい。どの教師もゆったりとしたテンポで言葉を選んで語りかけており、コの字型の時にも中央に椅子一つ置き、その椅子に座って授業を行っている教師も多い。このポジショニングによって、全体的な学び合いが深い思考の探究へと導かれている。

どの教室においても、ワークシートが白紙の生徒が一人もいない。学力や能力では、まだ低レベルで苦しむ子どもも少なくないのだが、どの子どもも学びに対して真摯であり、しかも笑顔で学び合っており軽やかである。

もう一つ、改革の進展を支えている要素がある。どの授業においても、教師たちはジャンプの課題をデザインし、子どもたちの高い次元の思考を促している。これらのすべてによって、同校は〈奇跡〉とも呼べる改革を現実化してきたのである。

学びの課題のデザイン

この日、提案授業を行ったのは石井祐次さんである。石井さんは、同校の6年間の変化を身をもって体験してきた教師である。提案した授業は、3年の数学「二次方程式の活用」だった。授業は〈共有の課題〉として、第1図のようにキャップを並べた場合、5番目ではキャップは何個になるか、そしてキャップが100個になるのは何番目かという問題。

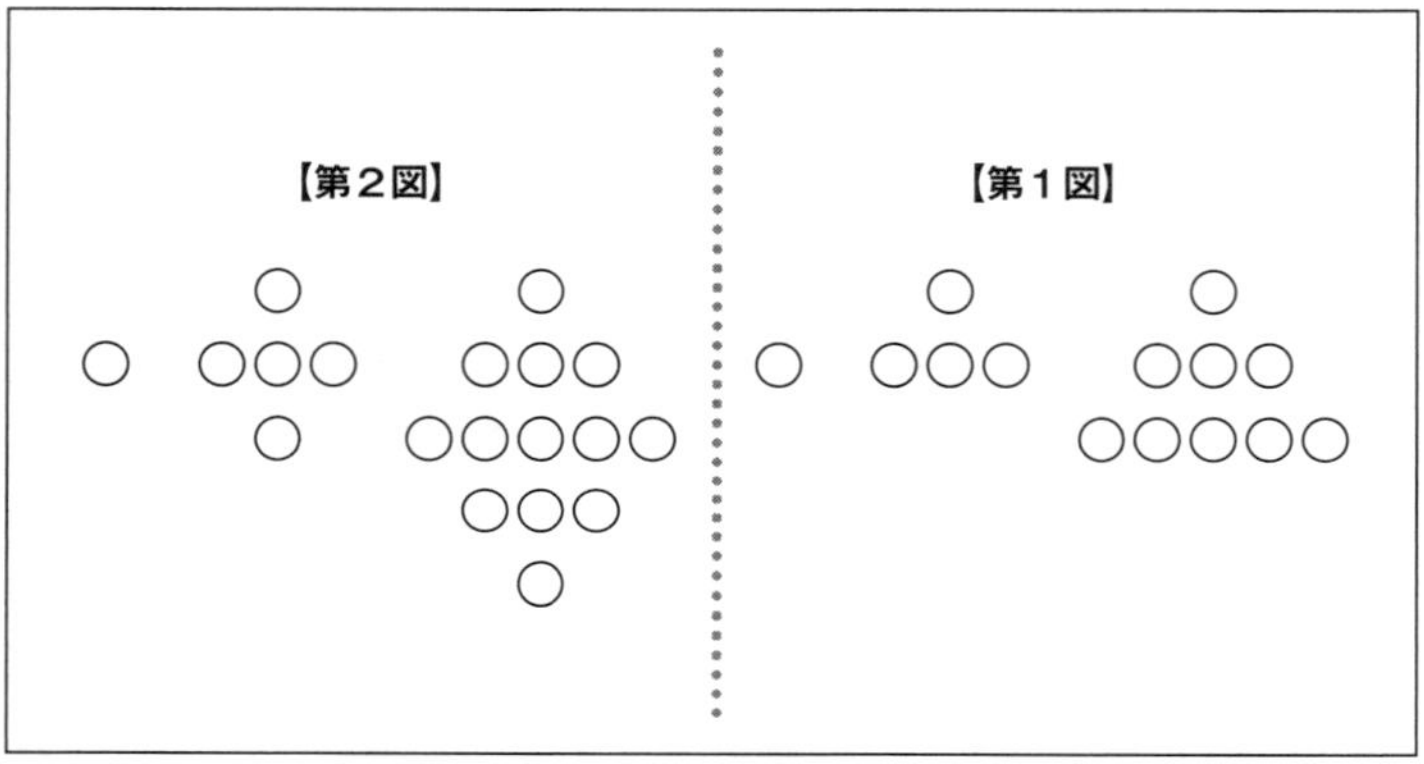

〈ジャンプの課題〉としては、第2図のようにキャップを並べた場合、4番目、5番目ではそれぞれキャップは何個になるか、x番目のキャップの数を方程式で表すとどう表せるか、そしてキャップを421個並べるのは何番目かという問題である。〈ジャンプの課題〉で石井さんは、生徒たちの道具的思考を促すために、グループごとに約30個のキャップを配っている。

　この教室には一人、同校で最も困難な生徒がいる。淳也（仮名）である。淳也は、同校でただ一人だが、ほとんどの授業でつっぷしている。仲間たちは絶えず、淳也を支え励まし続けるのだが、それらの厚意はまだ功を奏していない。さらにこの教室には、低学力に苦しむ生徒たちが多数存在している。その教室で、この興味深いデザインの授業が試みられた。

探究的思考を追求する授業

石井さんは、授業開始直後に第1図のキャップの図をホワイトボードに提示し、真っ先に淳也を指名し、ホワイトボードに3番目のかたちを並べるよう促した。淳也は、まず縦に3つ並べ、その次に2段目、3段目を並べている。そして開始後4分で、子どもたちは8分間のグループ作業に入り、〈共有の課題〉に挑戦した。5番目のキャップの数を求める課題と、100個になるのは何番目かを探る活動である。どの生徒も〈第1図〉では、1番目は1個、2番目は4個、3番目は9個…であるから5番目は25個であり、キャップの個数はx^2で表現されることを発見して、$x^2=100$から$x=\pm10$、したがって答えは10番目であることを確認した。ここまでは全員が達成している。

そこから〈ジャンプの課題〉へと入る。第2図が示され、今度も淳也を指名して、4番目のかたちをホワイトボードにつくらせて、グループ活動に入る。5番目の個数を求める課題、x番目の個数を方程式で表現する課題、そして421個になるのが何番目かを求める課題である。このグループ活動は授業開始後20分から、途中ヒントを交流する5分を入れて45分まで行われた。どの生徒も夢中でキャップを操作しながら探究している。5番目が41個であることは、どの生徒も達成したのだが、xの方程式がつくれない。1、5、13、25、41、…という数の関係から、xの方程式を導くことは至難である。それでも二つのグループは、この数の関係から$x^2+(x-1)^2$を導き出した。しかし、この2グループは、方程式は導いたものの、その意味がつかめない。もう一つのグループの2人だけが、第2図のキャップの並べ方を上下二つに分解し、第1図の並べ方が二つ合わさったものとして$x^2+(x-1)^2$の方程式を導き出して、このジャンプ課題を達成することができた。他のグループはもう一歩のところ、そして一つのグループはお手上げの状態だった。

最後の5分間、石井さんは達成したグループの発表によって全体の探究を促し、もう一つ予定していた〈ジャンプ課題〉、四つの凸があるレゴを第1図のように並べると、一番上が一つ、その下が二つ、その下が三つ…と並べられるが、合計で1000個になるのは何番目かという問いを提示して、次の授業につなげた。

この授業において、淳也は最初から最後まで学び続けた。さらに一つのグループは、3人とも低学力であり、その一人はフィリピンから日本に来たばかりの女の子であったが、このグループの子どもたちも、ワークシートいっぱいに図を描いて探究し続けた。そして、最後の5分の説明で、あっと驚きの声をあげて理解することができた。

この授業を参観して、この段階の生徒たちの学びを支援することの難しさも学ぶことができた。石井さんは授業の前に「前向きに学習に取り組む生徒が多い」一方で、まだ「ジャンプ課題になると考えることを諦めてしまう生徒も多い」ことをクラスの特徴として述べていた。その指摘通り、二つのグループは、最後のグループ活動において5分間は思考停止状態だった。正解に達したグループにおいても、2人が突っ走ったために、2人が探究から脱落してしまった。もう一歩、探究的な学び合いが進展すれば、わからない子や低学力の子ほど、ジャンプ課題に夢中になって挑戦するようになるのだが、その一歩手前にこの生徒たちがいる。その段階において、教師はどのような支援を行うべきなのか。私にとって、とても重要な問題提起となる提案授業であった。

応時中学校の12年
―小牧市の学びの共同体―

学校再訪

２０１７年６月17日、愛知県小牧市の応時中学校（永田春季校長）を訪問した。同校が「学びの共同体」の改革を開始したのは14年前、最初の３年間、同校を訪問し支援した経緯がある。今回の訪問は９年ぶりの再訪である。応時中学校がパイロット・スクールとして改革を開始した２年後、学びの共同体は市教育委員会の支援を受け、漸次、市内の学校へと拡がった。緩やかで静かな改革の拡がりである。現在では、市内16の小学校、９つの中学校のほぼすべてが学びの共同体を導入した改革を行っている。その10年の節目として、今年度の公開研究会は開催された。

応時中学校は、14年前は困難校の一つだった。その応時中学校の改革を始動したのは、当時の校長、倉知雪春さんである。倉知さんは同校に教諭として10年、教頭として2年勤務して同校の実態を熟知していた。同校に校長として赴任した直後の静岡県富士市岳陽中学校への訪問が改革の契機となった。この改革を支援したのが、同市の教育長であった副島孝さん（現在、愛知文教大学特任教授）である。副島さんも仮説実験授業研究会におい て活躍した経験を有していた。授業づくりの魂をもった二人の連携によって、小牧市の学校改革は確かな推進力を獲得したのである。

応時中学校の学校改革は一つの典型と言ってよいだろう。事実、私が関わった最初の3年間、「奇跡的」とも呼べる変化が生まれ、問題行動はゼロとなり、一人残らず生徒たちが学びに専念する連帯が生まれ、そして学力も飛躍的に向上した。しかし、改革は開始するより持続させる方が多大なエネルギーと智恵と外からの支援を必要とする。同校の改革の持続は、倉知さん、副島さんに加えて、元岳陽中学校校長の佐藤雅彰さん、そして三重県（現在、愛知県在住）の石井順治さんの支援によって支えられた。石井さんは、同校校区の米野小学校における学びの共同体の改革を支援し、米野小学校が小学校のパイロット・スクールになることによって、同市の小学校における改革を支え続けてきた。この公開研究会の全体会では、副島さんが「小牧市の学校改革の10年」をテーマとする講演を行ったが、その講演を聞きながら、上記の一連の経緯が走馬灯のように思い起こされ、印象深い研究会となった。

教室の風景

9年ぶりの応時中学校は素晴らしい発展をとげていた。9年前に在職していた教師はただ一人、再任用で社会科を教えている畑中さんだけである。その畑中さんは、当時と同様、4人グループに4種類の資料集をわたして歴史の授業を行っていた。独特の味わいと洗練された授業展開は健在である。

どの教室を参観しても、同校の14年間の研究の蓄積が実感できる授業と学びが行われていた。何よりも生徒一人ひとりの学びが素晴らしい。大規模校であるにもかかわらず、どの一人の生徒も一人になっていないし、学びに参加できない生徒は一人もいない。9年前と比べて、授業中の生徒たちの言動が柔らかく表情は明るい。いわゆる「楽しい授業」が実現しているからではない。「真正の学び」と「ジャンプのある学び」が、協同的関係の根幹をつくり、その協同による探究的思考が一人ひとりの生徒を学びの主人公に育てて、誰もが夢中で学び続ける授業を実現している。しかも、どの教室においても、どの授業においても、この光景が展開しているのが素晴らしい。そして、すべての教室の質の高い学びを学年単位の授業研究の蓄積による同僚性が支えている。

一つの事例を紹介しよう。公開研究会では、全クラスの授業公開の後、二つの提案授業、櫻井学さんによる中学1年国語の授業と山口祐樹さんの中学3年理科の授業が行われ、それぞれの授業協議会が行われた。お二人は、同校の授業づくりを中心になって担ってきただけに、それぞれ学ぶところの多い提案授業であった。その山口さんの授業は、同校で3年間学んできた生徒たちの学びの姿を示していて印象深かった。

山口さんの提案授業の題材は「位置エネルギーと運動エネルギー」である。授業の前半は「共有の課題」として、興味深い実験が行われた。フィルムケースのような円筒形のプラスチックケースに、一つはプラスチックの小さな玉を30粒ほど入れ、もう一つは、同数の小さな玉を入れ、それが動かないように綿を詰めている。二つの円筒の重さ（質量）は同じである。この二つの円筒を斜めに置いた板の上を同時に転がして、速度を比較する実験である。生徒たちは「質量」が同じで「位置エネルギー」が同じであるから、同じ速度で転がると予想してグループごとに実験を行った。ところが、小さな玉を真綿で動かなくした円筒の方が速い速度で転がるのである。いったい、なぜか。これが「共有の課題」である。

グループごとの生徒たちの実験の様子、そして協同的探究の様子は素晴らしい。課題の

探究し合う応時中学校の生徒たち。

デザインが洗練されていると、学びにおける協同もその探究も深化する。それをこの授業は参観者たちに示していた。私にとって印象的だったことの一つは、実験においても協同的探究においても女子の生徒たちが積極的に参加していたことである。その一つの事実だけでも、この学び合いの素晴らしさと深さを実感できた。

なぜ、小さな玉を固定した円筒の方が速く転がるのか。その謎を生徒たちは「位置エネルギー」と「運動エネルギー」と「エネルギー保存の法則」の概念を用いて探究した。位置エネルギーと運動エネルギーを合わせた力学的エネルギーは一定で変化しない（エネルギー保存の法則）。そうだとすれば、位置エネルギー（ポテンシャル・

エネルギー）が運動エネルギーへと転換する際に、二つの円筒で違いが生まれているに違いない。小さな玉が固定されていない円筒は、転がるときにジャラジャラと音を立てて転がっている。この音を生じさせている摩擦と音、このエネルギーの消費によって、小さな玉が固定されていない円筒の運動エネルギーは固定された円筒よりも少なくなっている。こうして、この現象の謎が解き明かされていった。

続いて「この二つの円筒を同じ速度で落とすとすれば、どういう方法が考えられるか」という「ジャンプの課題」へと移行した。それぞれのグループは、板の角度の傾斜を強くし、円筒を縦にして滑らせたり、さまざまな予想を立てて実験した。やがて、もっと単純な方法に気づいていく。二つの円筒を同時に同じ高さから落とせばいいのである。自由落下である。自由落下においては、重力だけが作用するので加速度は同じになる。一人の生徒が落下する車の中で人が無重力状態になると指摘する発言を行ったが、そのとおりである。自由落下においては、物体の質量も依存しない。この自由落下については未習の内容だが、生徒たちは、このジャンプによって新しい学びの地平を開いていた。

市町村における改革

同校の生徒たちの学びを観察すると、1年よりも2年、2年よりも3年というように学年を追うごとに学び合いが上達し、学びが対話的で探究的になり、深い学びが成立している。そして何よりもどの学年の協同的学びも安定した進歩をとげている。その基盤の一つが、小学校との連続性である。応時中学校の学区には、米野小学校と小牧南小学校という二つの小学校があり、そこでの学びの共同体の取り組みが同校の生徒たちの学び合いを支えている。小学校と中学校が連携すると、学びの共同体の効果は絶大である。

保護者や地域の積極的な参加も同校の特徴の一つである。この日、1時間目は保護者の授業参観にあてられたが、中学校の授業参観とは思えないほど、多数の保護者が参加していた。ある参加者は、「通常の中学校だと美術の授業の授業参観は数人しか来ないが、今日は20名以上の保護者が参加していた」と驚いていた。それだけの信頼関係と改革への関わりを同校は保護者との関係においても築いてきた。

市町村を単位とする学びの共同体の改革は、全国各地に拡がっている。3週間後の7月5日に訪問した山口県宇部市も小牧市と同様、学びの共同体の改革を市単位で10年近く推進した地域の一つである。宇部市においてはこの日、市内の全教師を対象として「アクティブ・ラーニング研修会」を開催し、文部科学省の教育課程課長の合田哲雄さんによる情報化社会の大きな変化と学びの在り方を探る講演と合田さんと私の対談で、同市の学びの共同体の改革の今後について展望した。

市町村を単位とする改革において、小牧市と宇部市の経験は示唆的である。どちらの市も、改革の拠点校（パイロット・スクール）づくりを中心として、長期にわたる緩やかな改革を推進してきた。授業の改革と学校の改革は、トップダウンでは決して成功しない。だからと言って、ボトムアップの改革を待っていては、何十年たっても学校はよどんで固着し崩壊するだけだろう。ボトムアップの改革をトップダウンの改革で支援し拡げることが肝要なのである。このボトムアップとトップダウンの二つをどう結合するのか。この結節点を準備し実現するところで、学校改革を推進する者のヴィジョンと教育の見識と政策的力量が問われている。

学校の改革は難事業であり、決して焦ってはならない。静かで緩やかで根を張った改革が、明日の学校を準備する。小牧市の改革は、そのことを事実によって示している。

ジャンプによる探究の学びへ

ジャンプのある学び

２０１７年９月12日、福島県須賀川市第三中学校で、学びの共同体の公開授業が行われた。この日の提案授業は猪俣徹さんの理科「運動とエネルギー」（３年３組）であった。学びをデザインするにあたって、猪俣さんは「日常的な見方の素朴概念」を「物理学的な統一的概念」で捉え直すことを追求したという。男女４人が七つのグループ（一つは３人）の教室で、授業は行われた。冒頭、猪俣さんは「位置エネルギー」と「運動エネルギー」の概念を２分ほど確認したうえ、すぐに「共有の課題」のグループ学習へと移った。やわらかな選ばれた言葉で、無駄な言葉は一つもない。それだけで、その後の学びの素晴らしさを予感させる展開である。

「共有の課題」は、「小球を転がして1個の小球にぶつけると、小球は1個動きます。では、1個の小球を2個の小球にぶつけると、ぶつけられた小球の運動はどうなりますか？（小球の質量は同じ）」である。つまり、●→○○という状況である（●は動く小球、○は静止した小球）。個人学習の協同化としてのグループ学習（約5分）で、この課題の予想をワークシートに書き込み交流する。3分の1ほどの生徒たちは「2個とも転がる」と予想したが、残りの3分の2の生徒たちは「1個だけが転がる（ぶつかった1個と静止した2個のうちの1個は静止する）」という予想だった。そこでグループ学習による実験を行う。カーテンレールを板にはりつけた実験器具とビー玉を使って斜面（15度程度）と平面をつくり、斜面を転がした一つのビー玉を平面で静止している二つのビー玉にぶつける。すると、多くの生徒たちが予想したとおり、ぶつけたビー玉と静止していた一つのビー玉は静止し、一つのビー玉だけが転がってゆく（●○　○→）。

そこから「ジャンプの課題」である。「ジャンプの1」は、「小球2個を転がし、静止した小球1個にあて、さらに離した小球2個にあてるとき、この五つの小球の運動はどうなりますか」である。図示すると、●●→○　○○という状況である。この課題についても、5分間のグループ学習で、まず予想について議論された。生徒たちの予想は、さまざまな意見に分散した。●　●○→○　○→という予想が多い。なかには●●○→　○○→という予想もあり、●● ○↓○ ○↓という予想も見られる。これらの多様な予想を交流したのち、グループごとの実験を行う。前回と同様、カーテンレールで斜面をつくって二つのビー玉を転がして、平面の静止した一つのビー玉にあて、さらに少し離れた二つのビー玉にあてる実験である。実験によって生徒たちは驚きの声をあげた。実験結果は、●●○↓○○↓である。つまり、二つの動球が一つの静止球にあたると、一つが静止して二つが転がり、その先の二つの静止球にぶつかると、ぶつかった二つの球が静止して、ぶつかった二つの静止球が転がるのである。猪俣さんは、この実験結果を記録した映像（スローモーション撮影を含む）で確認している。

そして「ジャンプの2」である。「位置エネルギーと運動エネルギーの和を力学的エネルギーといいます。この実験の結果について説明しなさい」。生徒たちは10分近く、グループで学び合って、ワークシートに実験結果の説明に挑戦した。

ジャンプのある学びと真正の学び

この「ジャンプの2」が、猪俣さんがこの授業で追求した中心課題であった。どのグループも一つの法則を発見していた。一つの球がぶつかると一つの球が動く。二つの球がぶ

ジャンプによる探究的学び。

つかると二つの球が動く。エネルギーは等価で伝達されるのである（エネルギー保存の法則）。なかには、二つの球を転がして三つの球にぶつけ、二つの球が転がるのを実験で確かめているグループも散見される。そこまでは、どのグループもジャンプの学びを達成していた。

科学的探究の本質は予想と実験よりも、その結果を「モデル」で説明することにある。しかし、「位置エネルギー」「運動エネルギー」「力学エネルギー」という概念を使って、このエネルギー保存の法則を説明した生徒は少なかった。実験結果から法則を発見しても、その法則を科学的概念で説明するのは、もう一つのジャンプを必要としている。そのことが興味深かったので、午前中の全クラス授業参観の時、このクラスは数学の授業を行っていたのだが、そこで抽象的思考に困難を抱えていた一つのグループが「ジャンプの2」の課題にどう対応しているのか、観察してみた。このグループだけは、4人とも「ジャンプの2」のワークシートが白紙だった。「一つがぶつかると一つが動き、二つがぶつかると二つが動く」と、発見したことを語り合っていたにもかかわらず。さらに言えば、このグループの生徒たちは、他のグループ以上に、この授業の学びに夢中になっていたのにもかかわらず、科学的概念による説明には到達しなかった。この事実から学ぶべき事柄は多い。

最後に猪俣さんは「練習問題」として、「●●→○○○」「●●●→○○」「●●●●→○」の三つの問題を考えさせ、ニュートンのゆりかごを使った実験で実演して、授業を終えた。卓越した学びのデザインであり、オリジナルな実験の開発である。この学びのデザインをめぐって、第三中学校の教師たちは教科を超えた同僚性によって熟考を重ねたという。その同僚性も素晴らしい。近年、学びの共同体の改革を推進する理科の教師たちは、創造性を発揮して、魅力的な「ジャンプの課題」を多数開発してきたが、今回の猪俣さんのジャンプの学びのデザインも、そのうちの一つと言ってよいだろう。

猪俣さんの教材開発の細やかさについても触れておきたい。たとえば、今回の実験に使ったカーテンレールの平面には、綿地の布がはりつけてあった。この工夫がなければ、ビー玉はレールから飛び出してしまって、ビー玉探しで教室は騒然としただろう。この工夫によって、ビー玉は平面上で転がって静止し、その動きが明確に確認することができた。さらに、途中で提示した映像ビデオも秀逸だった。スローモーションの映像は、この実験の醍醐味をいっそう際立たせる効果があった。繊細な準備がこの授業のアイデアと生徒の学びを支えていた。（註・衝突の物理学は複雑であるが、この実験における衝突は同質量の完全弾性衝突であり、力学エネルギーは保存されている。）

ジャンプの学びの意義

学びの共同体の改革を推進している教師たちは、「共有の学び」（教科書レベル）と「ジャンプの学び」（教科書以上のレベル）の二つのステージで授業をデザインしている。そして、誰もが「ジャンプの学びをデザインするのは難しい」と語っている。しかし、その難しさにもかかわらず、ほとんどの教師が「ジャンプの学び」の魅力と可能性を確信している。第三中を訪問した8月末から9月初旬にかけて、長野県木島平村木島平中学校、福島県二本松市渋川小学校、山形県新庄市新庄中学校、三重県鈴鹿市鼓ヶ浦中学校、津市橋北中学校、同市朝陽中学校、長野県松本市鉢盛中学校、中野市中野平中学校、福島県須賀川市第一中学校も訪問して公開研究会を行ったが、どの学校においても、秀逸なジャンプの学びがデザインされていた。「不思議の国のアリス」の一節をテクストとして「英語の言葉遊び」のおもしろさを洞察するジャンプの学び（木島平中学校）も、その一つである。このジャンプの学びでは文脈の学びこそが英語の学びの真髄であることを追求するものであった。また、同性生殖と異性生殖の比較と異性生殖の利点を探究させた橋北中学校のジャンプの学びも印象深い。このジャンプの学びは生物の進化史を省察させる魅力的な学びだった。

ジャンプの学びのデザインは難しいが、その通念の見直しを渋川小学校の提案授業の学びのデザインは迫っていた。「共有の学び」は「0から9までの数をすべて一度だけ使ってできる10桁の数で最大の数は何か、最小の数は何か」（教科書）であり、「ジャンプの課題」は「0から9までの数をすべて一度だけ使ってできる10桁の数で3番目に大きい数は何か、3番目に小さい数は何か」であった。このジャンプの学びが優れているのは、題材の本質である10進法構造を意識化するからである。しかも、このジャンプの学びをデザインすることは、それほど困難な作業ではない。

ジャンプの学びのデザインが難しいと言いながらも教師たちが挑戦しているのは、ジャンプの学びが数々の魅力と可能性を秘めているからである。何よりも子どもたちはジャンプの学びが大好きである。しかも、興味深いことに、学力の低い子どもほど、ジャンプの学びが大好きであり、ジャンプの学びによって基礎を学び、低学力からの脱出を達成する。その効果は絶大である。基礎学力が低いからといって、基礎を教えることで基礎学力が達成されるわけではない。だからこそ、低学力の子どもはジャンプの学びが大好きなのだろう。さらに、ジャンプの学びは、それぞれの教科において真正の学びを実現する。新庄中学校の歴史の授業では「隋書倭国伝」の読み下し文（古文書）をテクストにして、中学校1年の生徒たちが史料集や古語辞典や年表をフルに活用して夢中になって学び合っていた。教師が全体にもどそうとしても「まだぁ、待ってぇ」と叫びながら歴史の事実を読み解いていた。それこそ真正の学びと言ってよいだろう。

それだけではない。ジャンプの学びは、それをデザインする教師自身にとっても貴重な学びの活動となる。教師の専門性は、授業のリフレクションと学びのデザインにおいて、最も具体的に表現され開発される。どんなにデザインが困難であろうとも、ジャンプの学びのデザインは、学びの共同体の改革の枢軸の一つなのである。

聴き合う関係から探究の共同体へ

質の高い学びの三つの要件とその機能

この1年間の学校訪問を通じて最も印象的なことは、「探究の共同体」として特徴づけられる教室が各地の学校で生まれていることである。学びの共同体の授業改革は、この数年「質の高い学びの創造」を共通のテーマとして追求してきた。

そして「質の高い学び」の要件として、「聴き合う関係」「ジャンプの学び」「真正の学び」の3要件を掲げてきた。

〈質の高い学びの３要件〉

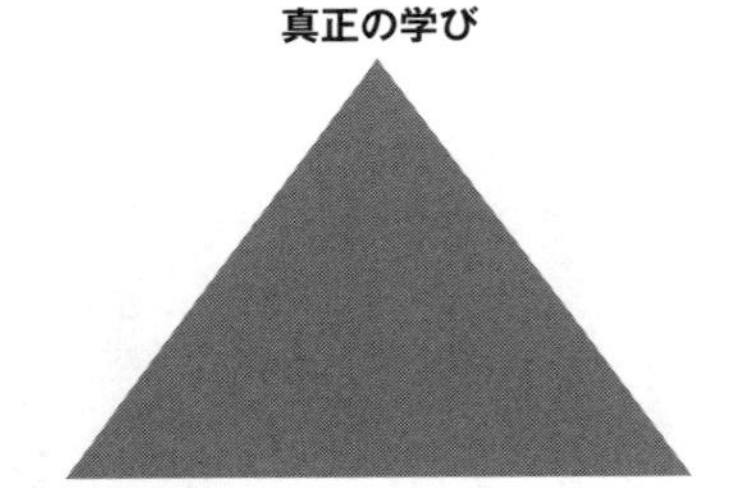

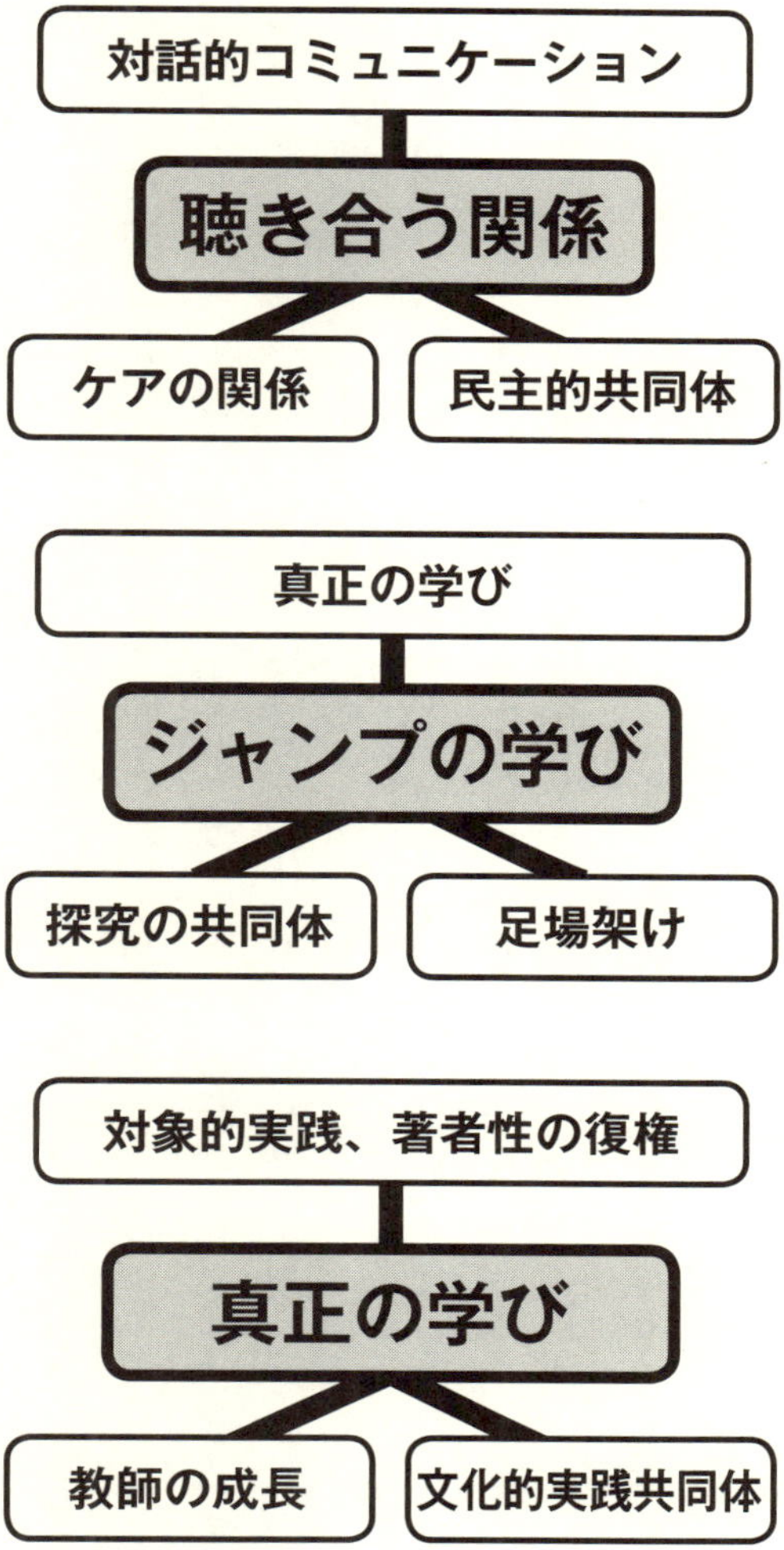
対話的コミュニケーション
聴き合う関係
ケアの関係
民主的共同体
真正の学び
ジャンプの学び
探究の共同体
足場架け
対象的実践、著者性の復権
真正の学び
教師の成長
文化的実践共同体

さらに、「聴き合う関係」の三つの機能として「対話的コミュニケーション」「ケアの関係」「民主的共同体」、「ジャンプの学び」の三つの機能として「真正の学び」「探究の共同体」「スキャッフォルディング（足場架け）」、「真正の学び」の三つの機能として「対象的実践、著者性の復権」「教師の成長」「文化的実践共同体」を掲げてきた。もう一方で「デザイン」を鍵概念として「プランからデザインへ」の転換、「学びのヴィジョンにもとづく課題のデザイン」そして「デザイン―実践―リフレクション」の循環による授業研究も追求してきた。各地の学校における「探究の共同体」としての教室の出現は、これらの原理の集約点であり、実践的な具体化の成果と言ってよいだろう。

「聴き合う関係」が「対話的コミュニケーション」を生み、「対話的コミュニケーション」が「共同体」を構築する。そのプロセスにおいて、「聴き合う関係」は一人も一人にしない「ケアの関係」と一人ひとりが学びの主人公（protagonist）になる「民主的共同体」を生成し、「対話的コミュニケーション」による学びが創造的な思考を触発して「探究の共同体」を生成するのである。

探究の共同体へ

「探究の共同体」の教室の実相を言葉で表現するのは困難である。ぜひ、その教室を訪問して子どもたちの学びを観察していただきたい。最近訪問した学校のほとんどが「探究の共同体」への発展を示していたが、なかでも印象深かった学校をあげるとすれば、富士市の元吉原中学校、長野県木島平村の木島平中学校、小牧市の応時中学校、大津市の真野北小学校、西宮市の甲東小学校、堺市の大仙小学校、宇部市の常盤中学校などである。それらに加えて中国や韓国の学びの共同体の多くのパイロット・スクールをあげることもできる。

「探究の共同体」へと発展した学校では、生徒たちは一人残らず、授業の最初から最後まで探究に没頭している。どの教室も、どの授業もそうなのである。その風景は驚嘆に値する。なぜ、このような学校が生まれ、このような子どもたちが育ち、教師たちが育っているのだろうか。この魅力と謎が「学びの共同体」の改革とその実践的研究の推進力になっている。

「探究の共同体」の風景に出会うと、私はいつも一冊の本を思い起こす。ジョセフ・シュワブ（シカゴ大学の教育学者・生物学者）とポール・ブランドウェインが１９６２年に著した『科学の授業（探究学習）』（英語）である。その本でジョセフ・シュワブは「科学」の本質は「探究」(enquiry) にあり、「探究」こそが「学びの共同体」としての学問 (discipline)

の本質であることを提示していた。「教科の構造」の中核は「内容の構造」ではなく「探究の構造」にあるというのである。学びの共同体の教室における「探究の共同体」の風景は、まさにシュワブとブランドウェインが提唱した「探究学習」の実像と言ってよいだろう。

知識の機能の学びとしての探究的学び

ひるがえって「探究的学び」とは、どのような学びなのだろうか。そして、それはどう実現するのだろうか。

21世紀型の学びの特徴は「探究的で協同的な学び」にある。伝統的な一斉授業における学びが「知識の意味の理解」であったのに対して、21世紀型の「探究的で協同的な学び」は、「知識の意味の理解」にとどまらず、「知識の活用による探究」へと向かっている。このことは「知識の意味の学び」から、知識の活用による「知識の機能の学び」へと学びの概念を拡張することを要請している。「機能（function）」は「関数」の意味を有すように、「知識の活用」とは、知識の働きの活用であり、知識と知識の間の働きの関係を活用することを意味している。

この学びの新しい機能的な概念は、知識を活動と協同をとおして学ぶことを意味しており、ジョン・デューイ、レフ・ヴィゴツキー、ジェローム・ブルーナーが探究した学びの概念と合致している。学びの共同体の教室で実現している「探究の共同体」としての学びの風景は、その実践的研究の成果の具体的な姿である。

訪問した元吉原中学校、大仙小学校、常盤中学校、および中国と韓国の諸学校の教室風景であった。これらの学校では、２０１７年10月、11月に「探究の共同体」というテーマを研究する必要を迫られたのは、一部の教室ではなく、すべての教室において「探究の共同体」が実現していることが素晴らしい。「探究の共同体」を生成する学校では、一人ひとりの子どもの学びをつぶさにリフレクションをとおして研究し、自らの学びのデザインへとつなぐ教師たちの「探究の共同体」が形成されている。これらの学校の授業協議会において特徴的なことは、子どもの学びが一人残らず固有名で語られ、どの教師も対等の立場で研究し合う民主的同僚性が形成されていることである。

「条約改正」（大仙小学校、大川拓也指導）の授業は「探究の共同体」の典型の一つだった。九つの資料を媒介とする探究的学びが一人残らず対等な立場で遂行され、個と個のすり合わせによって、多様で重層的な時代像が描き出されていた（次ページ写真）。

「探究の共同体」は一朝一夕で形成されるものではない。「探究の共同体」を形成してい

堺市大仙小学校の探究の共同体。「条約改正」の授業風景。

る学校は、いずれも短くても5年、多くは10年あるいはそれ以上、改革を持続してきた学校である。中学校の場合、小学校における改革との連続性も重要である。小学校から中学校へと連続して「学びの共同体」を経験した子どもたちは、学びの作法を体得しており、学び上手な子どもたちである。

学びの共同体の学校において、子どもたちは「学び合う歓び」から「探究し合う歓び」へと学びの志向性を高める経過をたどる。学びの共同体に挑戦している多くの学校は「学び合う歓び」の段階から「探究し合う歓び」へと向かっているのが現状だろう。「学び合う歓び」から「探究し合う歓び」へ、さらには「学問（教科）の歓び」への発展を見通せるところまで、私たちは到達したと言ってよい。

「探究の共同体」の実現は、これまで「聴き合う関係」から「ジャンプの学び」と「真正の学び」を追求し、学びの「リフレクション」から「デザイン」へと研究を発展させてきた学びの共同体の展開の到達点であり、２０１７年度の実践の象徴的な出来事である。来年度（２０１８年度）は、「探究の共同体」が一挙に各地の学校に実現するだろう。そこに改革の新たな希望を託したい。

子どもたちを一人残らず学びの主人公に

改革の最前線へ

２０１７年12月第１週の水曜日、栃木県下野市の国分寺中学校を訪問した。同校で学びの共同体の改革がスタートしたのは４年前、今は栃木県でただ一人のスーパーバイザー新村純一さん（県教委学力向上推進室）が校長の時だった。栃木県は関東地方において最も保守的な県であり、学びの共同体の改革の導入が最も遅れた県だった。当時、国分寺中学校は、県内で唯一のパイロット・スクールであった。

国分寺中学校は下野市郊外にあり、５年前は学校の正門前は広々とした畑であった。しかし、その風景は急速に変貌をとげてきた。徒歩15分ほどの東北本線小金井駅に湘南新宿ラインが乗り入れ終着駅となったことで次々と住宅が新築され、市の人口も急増している。

毎年、同校には車で訪問しているのだが、あまりの風景の変化で学校の所在地を見失うほどである。そのような地域の変貌を背景にして同校の学びの共同体の改革は推進されてきた。

同校の改革の意義は大きい。一つの学校が地域を変える。国分寺中学校における改革の成功は、県内でも有数の困難校であった足利市北中学校の見事な改革を導き、それを契機として足利市を中心として県内各地の学校で改革が拡がっている。この日の公開研究会にも学びの共同体の改革を推進している教師たちが県内各地から参加していた。

新村さんと一緒に午前中の2時間、17教室のすべてを参観した。どの教室も安定しており、生徒たちは以前にも増して柔らかく自然体で学び合っていた。同校の生徒数は496人だが、一人残らず学びの主人公として授業に参加している姿は素晴らしい。通常、このような教室風景は、改革を8年あるいは10年ほど持続した学校で出現するのだが、同校では早くもその水準に到達している。その秘密はどこにあるのだろうか。

午後、松島俊之さんが3年生の教室で国語「論語」の提案授業を行った。教科書は「論語」の著名な箇所を掲載していたが、松島さんは現在の生活にも通じる4か所の文章を「論語」から抜粋し、「共有の課題」としてそれらの文意を体験談にもとづいて交流させたのち、「ジャンプの課題」として、「論語」を引用して文章を作成する学びへと導いた。「論語」

の言葉は、2500年以上の時を超えて現在の生活につながっている。その意義を文章表現をとおして実感する学びが追求された。この提案授業においても、参観者たちが最も感銘を受けたのは、一人残らず学びの主人公として授業に参加している生徒たちの姿だった。

教師たちの学び合い

授業参観以上に私が感動したのは、授業協議会における教師たちの学び合いだった。同校の授業協議会は、6、7人ごとのグループ協議によって行われた。その際、ピンク色と水色の付箋紙が準備され、ピンク色の付箋紙には「学びが見られた点」、水色の付箋紙には「学びが止まった点」を各自が記入し一枚の模造紙に貼り合わせて共有するスタイルで協議が行われた。これ自体は他の学校でも試みられているスタイルである。同校の特徴は、それぞれの付箋紙に出来事の時間が「何時何分」と記されているところにある。小さな違いだが、「何時何分」と記すことによって、一つひとつの出来事が授業の流れの中で共有され、付箋紙と付箋紙の間の事実の関係が浮き上がって見えてくる。この小さな工夫によって、授業協議会における教師たちの学び合いが、いっそう多様な事実を子細かつ多面的に省察し合うものへと改善されているのである。

さらに同校では授業協議会のルールとして「授業の事実で話をする」「生徒の固有名で話をする」「全員が意見を述べる」「あの場面はこうすべき、私ならこうするなど、授業から学んでいない言葉は慎む」「授業者が授業を見てもらってよかったという気持ちになれる授業研究会を」「教師相互に謙虚であり、教え合う関係ではなく学び合う関係で」ということを確認し合っている。同校の授業協議会で、特に強調されているのが「生徒の学びの姿を個人名で語り合う」ことである。しかも、特定の生徒に話題が集中するのではなく、一人残らず生徒の学びについて具体的に検証することが追求されていた。

一人残らず生徒たちが学びの主人公として授業に参加している同校の教室は、固有名の生徒の学びについて一人残らず語り合う教師たちの学び合いが支えているのである。

学びの主人公を育てる教室

一人残らず子どもたちが学びの主人公として授業に参加している学校は、国分寺中学校だけではない。私が訪問している学びの共同体の学校の多くが同様の教室を実現している。この数年、年々、その傾向は強まっているといってよい。何が、そのような教室を支えているのだろうか。

その問いに対する答えとして、私は学びの共同体の教室において四つの倫理的規範が機能していることを省察してきた。

その四つの倫理的規範とは「尊厳（dignity）」と「信頼（trust）」と「互恵（reciprocity）」と「共同（community）」である。この四つの倫理的規範は、学びの共同体の教室の極立った特徴ではないだろうか。

「尊厳」は、子ども一人ひとりの個人としての尊厳を尊重することであり、子ども一人ひとりの学び（つまずきも含む）の尊厳を尊重することである。学びの共同体の教室においては、子どもの傍らで腰を落として子どもと同じ目線の高さで耳を傾ける教師の姿を見ることができる。この教師の姿は、子どもの尊厳と学びの尊厳を象徴する風景と言ってよいだろう。

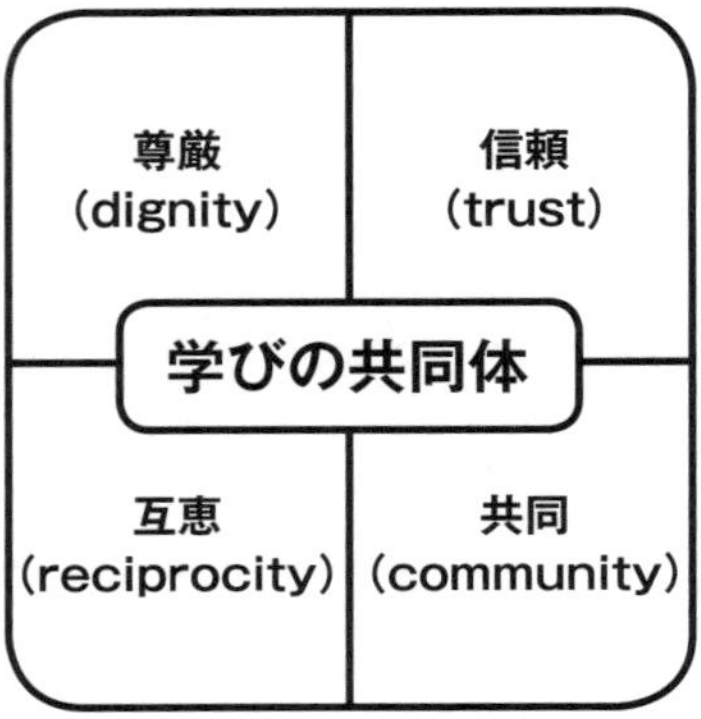

「信頼」は、聴き合う関係と学び合う関係の根底にある倫理的規範である。滋賀県大津市真野北小学校の4年生の教室で撮影した一枚の写真が、教室における「信頼」の関係を見事に表現している。この写真の中央で座っているのは新任6か月目の教師である。じっと座って子どもたちのグループ学習を見守っているのは、子どもたちを信頼しているからで

信頼で支えられた教室風景。

ある。その教師の信頼を受け、子ども同士の信頼に支えられて、どのグループの子どもたちも学びに没頭している。写真の左側に立っているのは先輩の研修主任である。この先輩教師は新任教師と子どもたちを信頼し見守っている。そして、黒板の右側に立っているのは、この学校のスーパーバイザーである永井勝彦さんである。永井さんも研修主任を信頼し、この若い教師を信頼し、子どもたちを信頼して、ここに立っている。そう見てみると、この一枚の写真に記録された教室風景が、教師、子どもたち、校長、主任、スーパーバイザーのいくえにもわたる複合的な信頼関係の所産であることが見えてくる。

「互恵」は、協同によって生まれる豊かな

価値と幸福を享受し合う関係を示している。学びの共同体における互恵的な学びは単なる相互学習ではない。学び合うことによって1＋1が3にも5にもなる学びであり、協同的学びに快楽と幸福を生み出す学び合いである。贈与の関係がつくりだす互恵性が、学びの共同体の協同的学びを豊かなものにしている。

「共同」は誰一人ひとりになっていない共同性を示している。No child alone は、学びの共同体の教室づくりの第一歩である。誰もが教室で受け入れられて安心して学び、誰もが教室に居場所をもち、誰もが「第二のホーム」として過ごせる教室をつくる必要がある。

子どもたちが一人残らず学びの主人公になれる教室は、これら四つの倫理的規範を体現している教室なのではないだろうか。

可能性への挑戦

子どもたちが学びの主人公として活動している教室には、もう一つの要件がある。子どもたちが可能性に挑戦できる「ジャンプの学び」が準備されていることである。秋に訪問した岡山市の岡南小学校3年生の教室風景がその象徴であった。この3年生のクラスの担任は、今年転勤してきた中堅の女性教師だった。彼女は学びの共同体は初めての経験だったが、教室をコの字型にしてペア学習とグループ学習を導入し、学び合いの授業づくりを開始した。1学期も終わりになるころ、子どもたちは「ジャンプの学びがしたい」「ジャンプの学びを授業に入れて」と強く要求。教師は2学期から「ジャンプの学び」を算数で導入する挑戦を開始している。

ところが、教師が精いっぱい準備して「ジャンプの学び」を提示したところ、子どもたちは「そんなのジャンプじゃない」と一斉に声をあげた。そこで、教師は次の時間にもっと高いレベルの「ジャンプの学び」を提示したという。すると、子どもたちは「ジャンプはジャンプだけど『銅ジャンプ』だ」という。そこで教師は黒板に「金」「銀」「銅」のメダルのワッペンを貼り、引き続き「ジャンプの学び」のデザインに腐心した。すると、子どもたちは「今日は『銀ジャンプ』」と言って、夢中になって学びだした。私が同校を訪問しこの教室を参観した10月の授業で、子どもたちは「やったあ、今日は初めての『金ジャンプ』だ」と歓声をあげ、グループごとに夢中になって学びに没入していた。おもしろいことに、この「金ジャンプ」の問題はほとんどの子どもが解けなかったのだが、どの子どももご満悦で授業を終えていた。ここにも、どの子どもも学びの主人公になる教室の秘密が隠されている。

校内研修の改革
―教師の学びを創造する―

学びの共同体における教師の学び

学びの共同体の学校づくりにおいて、教師の学びの共同体づくり（同僚性の構築）は改革の中核に位置している。現在、全国各地のパイロット・スクールにおいて年間に1千回以上の公開研究会が開催されているが、学びの共同体の公開研究会においては、提案授業の公開と授業協議会だけでなく、必ずすべての教室の授業公開に加えて授業協議会（校内の公開も行っているのが特徴である。学びの共同体の公開研究会では、子どもの一人ひとりの学びと学び合い、教師一人ひとりの学びと学び合いのすべてを公開しているのである。このスタイルは、学びの共同体の改革の極立った特徴の一つと言ってよいだろう。

今月訪問した大阪府和泉市鶴山台北小学校における教師の学びのシステムについて例示

しよう。同校の訪問は今回で9年目である。同校では14年前に学びの共同体の改革に着手し、すべての教師が教室を公開し学び合うスタイルを持続してきた。同校の校内研修は現在、①年間7回の「大研修会」（講師を招いた研修会・うち1回は公開研究会・提案授業者の決定は立候補制・それぞれプレ研修を1回行う）、②「学年研修会」（各教師年間1回の提案授業とリフレクションの会議）、③低学年・中学年・高学年の部会による「ビデオカンファレンス」（部会ごとに年2回・各教師年1回・ビデオ15分協議会15分）によって実施されている。この方式により、教師一人当たり年間に少なくとも3回の授業提案と協議が行われている。そして、各教師は一人ずつ自らの研究テーマを設定して、年間の研修に臨んでいる。そして年間6回ほど、授業づくりと学校づくりの達人である小畑公志郎さんがスーパーバイザーとして同校の研修を支援している。

この鶴山台北小学校の事例に見るように、学びの共同体の学校においては、子ども一人ひとりが学びの主人公であると同時に教師も一人ひとりが学びの主人公であり、専門家としての自律性と同僚性の構築がめざされている。

専門家としての教師の学びは、教室における子どもの学び以上に複雑で奥が深い。教師の学びにおいては「職人性（craftsman ship）」の学びと「専門性（professionalism）」の学びが統合していなければならない。教師の「職人性」は、技術（言葉で伝えられる技）でもなければスキル（訓練で習得できる技）でもない。それは複雑で高度な技法（artistry）であり、長年にわたる先輩と同僚の模倣をとおして身体化した個性的なスタイルとして結実するものである。

他方、専門家としての学びは「省察（reflection）」と「判断（judgment）」の学びであり、医師や弁護士同様、理論と実践を統合するケース・メソッド（事例研究）によって実現する学びであり、教師の場合は教科の教養と教育学（学習科学を含む）の教養によって支えられ、授業事例に即して実践的見識として結実している。したがって、教師の学びは、「使命と倫理」「教科と教育学の教養」「省察と判断」「実践的見識」「自律性と同僚性」「共同体」の学びをその内容としている。このような複雑で高度の学びを校内研修において、どう実現すればいいのだろうか。

校内研修（授業協議会）の改革

学びの共同体の授業研究は、通常行われている授業研究と比較すると、目的、対象と焦点、頻度において大きな違いがある。通常の授業研究の目的は授業の改善であり、有能な教師（effective teacher）の成長が求められているが、学びの共同体の改革における授業

鶴山台北小学校の全教室公開の風景。

研究の目的は、一人残らず子どもの学ぶ権利を実現することであり、その学びの質を高めることであり、校内に教師の専門家としての学びの共同体（同僚性）を構築することにある。そこで求められている教師像は「有能な教師」ではなく「思慮深い教師（thoughtful teacher）」すなわち「反省的実践家（reflective practitioner）」としての教師である。

　したがって授業研究の対象と焦点も通常の授業研究とは異なっている。通常の授業研究において対象となり焦点となるのは、教材研究であり、発問研究であり、指導案づくりとその検証である。実際、私が調査した通常の授業協議会の発言記録によると、発言の8割が教師の教え方に関するものであり、生徒の学びに関する発言は2割であった。しかし、学びの共同体の改革における授業研究では、事前に「学びのデザイン」について授業者が他の教師の意見を参考にして研究してはいるが、事後の授業協議会は「学びのリフレクション」にあてられており、どこで学びが成立し、どこで学びがつまずき、どこに学びの可能性が潜んでいたかを教室の事実にもとづいて協議している。「教え方」ではなく「学びの事実」について研究しているのである。

「教え方」を議論しても正しい教え方は100通り存在し、教師間の競争や対立が深まるだけだろう。むしろ、「学びの事実」から出発し、その省察を多面的に深めることによって、教師はより豊かに学び合い、多様な教え方の可能性に開眼し、教師同士の学びにおける連帯を形成することができる。学びの共同体の改革における授業研究の中心目的は「授業の改善」ではなく、一人ひとりの教師の成長にあり「教師の学びの共同体」づくりに求められている。

授業研究の頻度も、通常の学校の校内研修と学びの共同体の学校の校内研修では大きく異なっている。通常の学校における研究授業は年間3回程度実施され、しかも多くの場合、提案授業を行うのは若い教師である。しかし、学びの共同体の学校では、すべての教師が年間に最低1回は提案授業を行っており、したがって校内研修の回数は年間に30回以上、大規模校では学年ごとや部会ごとの授業研究も含めて100回以上に及んでいる。学びの共同体の学校における授業研究は、すべての教師が学びの主人公となり、教師の自律性と同僚性を同時に構築することが求められているのである。

このように、学びの共同体の学校においては、①すべての教師が教室を開き、年間に最低1回は提案授業と協議会をもつこと、②授業協議会においては「教え方」ではなく「学びの事実」を中心に研究すること、③評価や助言ではなく教室の事実から学んだことを交流すること、④すべての教師が発言すること、⑤年間に1回以上の公開研究会を行うことの五つの原則によって校内研修が実施されている。なかでも③の原則は重要である。授業協議会は「評価」の場でもなければ「助言」の場でもない。「どこがよかった」「どこが悪かった」「どこは改善すべき」という評価や助言を発言する教師は、見る者と見られる者の権力関係にあまりに無頓着であり、教師相互の対等の関係に対して無神経である。

しかも、初心者ほど授業を評価のまなざしで見がちであることも重要である。卓越した教師は「評価」や「助言」のまなざしで授業を参観することはしない。卓越した教師は「学び上手」なのであり、専門家の最大の特徴は「経験から学ぶ」ところにある。学びの交流によって、教師は校内に相互のリスペクト（尊敬）の関係に支えられた同僚性を構築することができる。（なお、授業協議会において授業者に質問を発する教師も多いが、時間の無駄である。あとで個人的に聞けばいい。参観者による学びの交流こそが肝要なのである。）
私自身、「講師」として学校を訪問しているが、「評価」や「助言」を行うのではなく、私自身が「学んだこと」を語るようにしている。それ以外に、教師たちと連帯し教師たちを支援する方法はないからであり、学校を内側から改革する方法はないからである。

専門家共同体の構築へ

21世紀型の学校への改革において、授業の改革と並行して校内研修の改革を達成することは必須の課題である。校内研修が旧態依然としたままで「主体的・対話的で深い学び」が教室に実現できるわけがない。

10年ほど前、琵琶湖周辺の小さな学校で昭和10年前後の校内研修の詳細な記録を発見した。その記録を見ると、4月に研究部が組織されて年間3回の研究授業が計画され、毎月の研究会で教材研究と発問研究と板書計画と授業案づくりが協議され、提案授業の後は、授業のよかったところとまずかったところを教師全員で話し合い、最後に視学官が講評を行っている。今行われている通常の学校の校内研修と同じではないか。80年間に社会は著しく変化し、求められる教育も天地がひっくりかえるほどの変化をとげているにもかかわらず、校内研修のスタイルはいっこうに変化していない。旧態依然とした校内研修のスタイルは、80年前の授業スタイルを再生産するだけだろう。

その意味で、校内研修に熱心に取り組めば授業が改革され、教師が成長できると考えるのは大きなまちがいであり、あまりに楽天的である。「授業研究栄えて授業滅ぶ」「授業研究栄えて教師滅ぶ」という笑えない現実があることを直視する必要がある。実際、授業研究に取り組めば取り組むほど、授業が保守化し硬直化している現実、校内研修に取り組めば取り組むほど、教師の仲が悪くなり同僚性が崩壊する現実、校内研修に取り組めば取り組むほど、教師が疲弊する現実は、むしろ一般的ではないだろうか。この根深い現実があるから、多くの教師は授業研究に懐疑的で消極的であり、教室を開こうとしないし、教室内に閉じこもっている。

言い古された諺ではあるが、新しい酒は新しい革袋に盛らなければならない。21世紀型の授業への改革は、新しい校内研修のスタイルを要請している。

第三部

学びの共同体の国際ネットワーク

―変わるアジアの学校―

揺れ動くアジアの学校
―改革のジレンマ―

上海の学校からベトナムの学校へ

2015年、春節直後の3月4日から5日間、学習院大学の学生たちを引率して上海の学校を訪問した。最初に訪問したのは田家炳小学校、上海市で貧困な地域の一つ幸福村の小学校である。田家炳は香港で財をなした実業家、教育基金を設立して中国各地で教育支援を行っている。田家炳小学校は、昨年度まで幸福小学校という校名であったが、彼の基金を受け、特別支援を必要とする子どもたちを積極的に受け入れ、インクルージョン教育を推進している。

同校は、華東師範大学の沈暁敏准教授がスーパーバイザーをつとめる学びの共同体のパイロット・スクールとして発展してきた。女性校長の素晴らしいリーダーシップにより、質の高い学びの共同体の実践が展開されていた。まず、田家炳の基金によって建設されたインクルージョンの学校施設を見学した後、小学校4年の英語の授業「春節を紹介する」と小学校2年の音楽の授業「草原情歌」の二つの授業を参観し、教師たちとの交流を行った。

参観した二つの授業のうち、2年生の音楽の授業は圧巻であった。題材は内モンゴルの民謡の「草原情歌」、素朴だが哀愁を帯びた美しい旋律の歌曲である。30人の子どもたちが一列になって乗馬のスキップで廊下から教室に入ることから授業が開始された。乗馬気分のスキップの子どもたちは一人ひとり表情が豊かで愛くるしい。その姿を見るだけで、これだけ音楽好きに育てている教師の優秀さを知ることができる。

子どもたちが教室に入り四角の椅子に座ると、前面のスクリーンに内モンゴルの草原と馬の放牧の風景が映像で映し出される。そして、この授業の題材である「草原情歌」のオーケストラ演奏のCDがゆったりと流される。その演奏に合わせて、子どもたちは歌い、そして、この歌の民族舞踊の踊りを舞う。印象的なのは、中国の学校で見られがちな画一主義がこの教室では見られないことだ。歌に合わせた踊りの振り付けは、基本としては教師の教えたとおりに行われているが、その表現は多様で個性的であり、一人ひとりの身体の内から沸き起こる音楽が身体表現としての踊りの源泉になっている。そこが素晴らしい。

内モンゴル民謡を歌い踊る上海の小学生たち。

声による歌の表現と身体による曲の表現が一人ひとりの中で一体になっているのである。小学校低学年の音楽は、これでなければと何度もうなずきながら参観した。

ひととおり歌と踊りを愉しんだ後は、四つのグループに分かれ、四つのリズム楽器による合奏へと移った。ここでも民族楽器が用いられ、それぞれ三つの異なるリズムパターンによる「草原情歌」のリズム伴奏とその合奏の学びが行われた。これも絶妙の構成である。

リズム合奏が終わると、再び、前面のスクリーンに内モンゴルの放牧民の馬との暮らしが映像で示され、先ほどの映像のゆったりとした風景に代わって、速さと激しさを含む人と馬の関わりの風景が示される。

同時に、この民謡のオリジナルな歌声と演奏のＣＤが提示された。オリジナルな演奏は、しみじみとした哀愁だけでなく、その底に激しさと力強さも感じられる。教師は、この映像や演奏についての説明は行わず、再び、歌と踊りへと子どもたちを誘った。授業の始まりの時の歌と踊りとは、子どもたちの表現が明らかに変化している。そうして授業の終わりを迎え、子どもたちは再び乗馬のスキップで音楽室から教室へと帰っていった。

中国の学校の授業を参観するたびに感じることだが、中国の授業は構造が明確である。授業のデザインが論理的に構造化されている。もう一つの特徴は、教室で困難を感じている子どもたちを授業において積極的に活動させていることである。

この上海研修旅行では、華東師範大学附属小学校も訪問し、華東師範大学の教師、大学院生との交流、上海師範大学の教員と学生との交流も行った。どこでも印象深かったことは、中国における授業改革のジレンマである。一方では、上述の音楽の授業のような卓越性を生み出しつつ、もう一方では政治的社会的な制約による葛藤がある。その一つの現れを協同的学びに見ることができる。

中国はどの国よりも個人主義の文化を有している。その伝統ゆえに社会主義建設においては全体主義的集団主義が強調され、「集団学習」(collective learning) に陥りやすい。その一方で、現在の教育政策は「合作学習」と称する協力学習 (cooperative learning) を推進している。学びの共同体の「協同学習」(collaborative learning)を実現することは容易ではない。

ベトナムにおける学び

学びの共同体の改革を日本とは異なる文脈で経験することから学ぶことは多い。上海の研修旅行から帰国した翌日、3月9日から3日間、ベトナムを訪問した。教育大臣の招聘による講演を行うための訪問である。講演に先立って、昨年秋にも訪問したバクザン省のビクソン小学校を参観した。昨年、同校を訪問した印象は鮮烈であった。ベトナムに国際的に見てトップ水準と言える学びの共同体のパイロット・スクールが出現していたからである(拙著『学び合う教室・育ち合う学校』参照)。

今回訪問すると、すべての教室ではないが、多くの教室で「学び合い」が「話し合い」へと変化し、グループ活動において少数だけが活躍する教室へと変化していた。子どもたちの学びを歓び合う表情も薄らいでいた。それでも同校の授業において一人残らず学びに参加しているのは、昨年来の「聴き合う関係」が学校文化として根付いているからだ。しかし、それは、いつまで持続し続けるだろうか。校長が変わったわけでも、教師たちが異動したわけでもない。何が、この変化を生み出したのだろうか。

最も驚いたのは、昨年は４人グループで行われていた協同的学びがほとんどの教室で６人グループへと変化し、しかも各グループにおいてリーダーと役割分担が決められていたことである。これが変化の最大の要因であった。

なぜ、ビクソン小学校は、そのような変化をとげてしまったのだろうか。ベトナムにおける学びの共同体の改革を10年間粘り強く推進して国家政策にまで高めた齊藤英介さん（当時、シンガポール国立教育研究所）、齊藤夫人でベトナム人のハンさん、齊藤さんに協力してきた佐藤雅彰さん（富士市岳陽中学校元校長）、そして日本語通訳をつとめてきたグエンさん（彼女は日本の医大を卒業した俊才）とともに、その背景を語り合った。その背景には、世界銀行が推進している「ベトナム新学校」（VNEN：Vietnam Escuela Neuva）プロジェクトがあった。世界銀行は教育投資の経済効果をもくろみ、２０１３年からベトナムに８９００万ドルも投入してVNENを実施している。コロンビアの山間地域で成功した学校改革の方式を「新学校」としてアフリカ諸国とベトナムで大々的に普及している。ラテンアメリカで実験しアジアとアフリカで開発教育として普及する。世界銀行の植民地政策の典型とも言える展開である。このVNENによって、６人グループ編成とリーダーと役割分担を決める小集団学習（collective learning）の方式が、ベトナム政府の教育省によってトップダウンで普及させられたのである。

その日と翌日の2日間にわたる研究会と私の講演会は教育省主催で開催され、全国の学校改革の主要な担い手約３００人が参加した。この会議も、世界銀行の基金による講演会であった。私は、学びの共同体の学校改革と授業改革のヴィジョンと哲学と活動システムについて、各国の事例にもとづいて講演を行った。それに先だって、ビクソン小学校の提案授業の研究協議が行われ、そこで6人グループでは一人残らず探究的学びを実現することは不可能であり、最初はリーダーを決めてもいいが、一人残らず学びの主人公にするためにはリーダーは決めない方がよいことを指摘した。

この発言をめぐって参加者のほとんどが賛同し、特にビクソン小学校の校長と教師たちからは「停滞の要因がわかった」と感謝されたのだが、世界銀行の基金に依存して改革を推進する教育省の初等教育部長の反応は「ショックを隠せない」「佐藤先生の発言には政策担当者として傷ついた」と率直に語った。参加者のほとんどは私の発言に拍手をし、これまで画一的統制によって授業改革に行き詰まりが生まれていたと率直に意見を表明した。しかし、この矛盾をどう克服すればいいのだろうか。途上国が直面している開発教育の矛盾が一挙に表面化する結果となった。

この日は、くしくも私と佐藤雅彦さんの本のベトナム語版が出版され、齊藤英介さんの本のベトナム語版も出版された日であった。これらの本をもっと早く出版していれば、これほどの混乱は避けられただろう。悔やまれる一日でもあった。

ベトナムでの経験は私にとって貴重な体験となった。グローバリゼーションによって、世界の学校は歴史的な転換点に立たされている。グローバリゼーションは、信じられないほどの富の蓄積を生み、資本とテクノロジーの暴走を生み出している。今や中国人の富豪の数は、アメリカに次いで世界第2位に達している。その一方で今回訪問した幸福村のような貧困地域が生み出されている。ベトナムのような途上国は、資本蓄積を推進する世界銀行の教育投資によって学校政策を規定される運命を担わされ、その政策による「21世紀型の学校」が新しい収奪の基盤を世界各地に生み出している。学びの共同体の改革も、アジア諸国において、この巨大資本の政策と無縁ではいられない。

来週は、再び、上海を訪問して学びの共同体の二つの拠点学校、子長学校と浦東外語学院小学校を訪問する。浦東外語学院小学校は、今年、中国の最優秀学校の栄誉を獲得している。この二つの学校の訪問によってグローバルな教育の世界がどう開かれるのか、学ぶことは多い。

東アジアにおける学びの共同体の最前線

学びの共同体の希望 ―中国・重慶を訪問して―

「学びの共同体は私たちの命綱です」。２０１５年6月25日、重慶市誠善中学校の校門をくぐり、中学生から発せられた言葉が胸を突き刺した。同校に通学してくる生徒の８割以上が、中国各地から来ている出稼ぎ労働者の家庭の子どもたちである。重慶市は四川省に位置する直轄都市、人口は３７００万人の世界最大の都市である。その中心を流れる揚子江の河岸の開発地域に同校は位置している。生徒のほとんどは、重慶市の最貧困層の世帯の子どもたちである。同校が「学びの共同体」の学校改革に着手したのは2年前、北京師範大学教師教育研究センターの国家プロジェクトの一環として重慶市江北区における改革が始動した。現在、同区の中学校15人の校長、小学校10人の校長が「学びの共同体」の学校改革を推進している。

　3年生の教室に入ると、50人の生徒たちが、この1年間の「学びの共同体」の実践の概要と「学びの共同体」が創出したクラスの学びの絆について、グループごとに紹介してくれた。「学びの共同体」の教室づくりが始まる前までは、どの生徒も互いの母語が異なるため、一人ひとりが孤立し、不登校や問題行動も多発して、授業が成立しない状況であったという。その教室が今では一人残らず学びに希望を見出し、一人も孤立しておらず、すべてのクラスメートがすべての生徒と学び合い支え合う関係を築いていると語ってくれる。どの生徒の表情も輝きに満ち、この生徒たちが2年間、学びの共同体によって蘇った歩みが生き生きと語られた。その言葉の重みと説得力に圧倒されてしまった。そして教室の壁を見ると「学校は社会、教室は家庭」という生徒たちが考案したクラスの標語が掲げられていた。

　教室の紹介が終わった後、このクラス（3年生）の英語の授業を参観した。授業者は董先生、最初に電子黒板を使ってテクストの文章が提示され、そのヴァリエーションによる英語表現が「衣服の素材の特徴とファッション」を主題として展開された。英語表現と生活文化とがつながる興味深いテクストであり、授業の過程において絶えずフォニックスと文法構造が丁寧に習得される構成であった。中国の教師の授業デザインは構造化されているのが特徴である。授業デザインも洗練されていたが、それ以上に感銘を受けたのは、生徒たちの学び合う姿であった。男女混合4人グループの学びにおいて活躍しているのは女の子たちである。彼らのケアの関わりは絶品である。

授業の終わりごろに気づいたのだが、4人グループになると、生徒の一人がメガネをはずして中心に置いている。貧しいためメガネが買えない生徒たちが多いので、一つのメガネを共有して学び合っているのである。その関係の温かさと生徒たちの境遇の深刻さに涙を誘われた。共有の学びで習得した英語表現と文法構造を活用して英作文をつくるジャンプの課題に入ると、生徒たちの学び合いはいっそう集中度を増して濃密な学びが展開された。

授業後に担任教師から、この生徒たちの半年後の進路を聞いて、深く考えさせられた。学びの共同体の実践が定着して以降、生徒たちのほとんどは高校進学を希望するようになったのだが、家庭が貧しいため、希望の高校に進学できる生徒は2割に満たないという。その事実に感傷的になった私を励ますかのように、生徒たちは誰もが明るく学んでいる。そして学びの歓びを仲間たちと交わし合っている。生徒たちはまばゆいばかりである。

誠善中学校で近隣の教師たちと授業協議会を行った後に訪問した和済小学校は、95％が出稼ぎ家庭の子どもたちという最貧困地域の学校であった。学校へは車が入れず、5分ほ

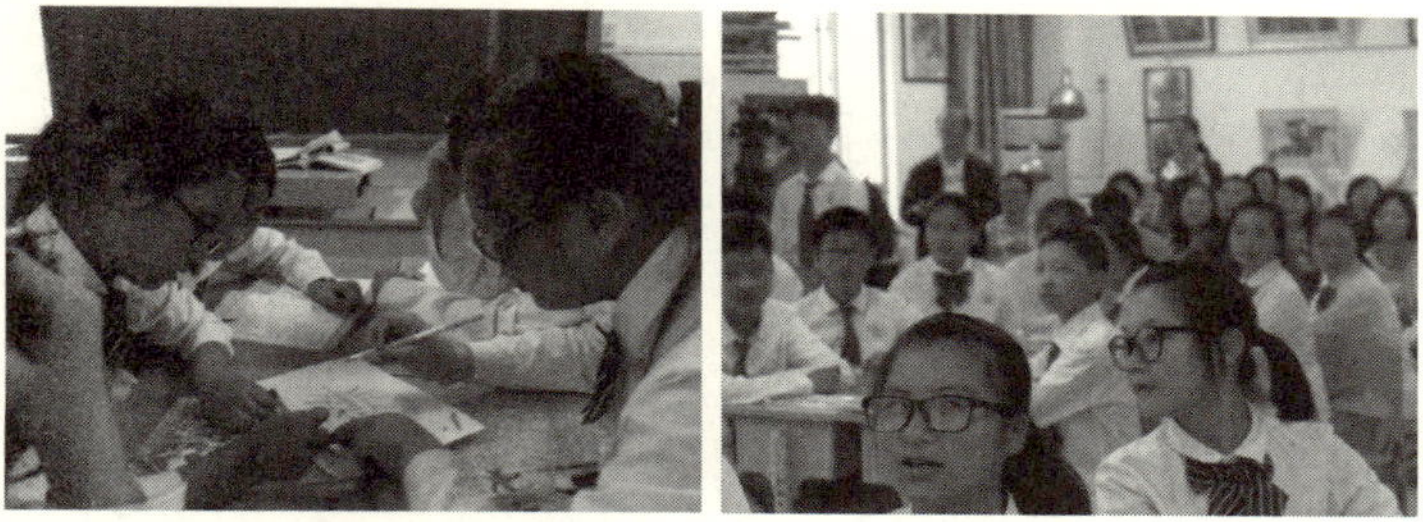

重慶市・誠善中学校の生徒たち。

ど歩いて学校に到着したが、その途中のスラム街は、１９４０年代の中国の居住地を彷彿させるようなスラムであった。高層高級マンションを遠景とする極貧のスラム街は、中国の貧富の格差を象徴する光景である。和済小学校では、2年生の体育（サッカー）の授業を参観し、学びの共同体で蘇った子どもたちの姿に感動した。その動きはしなやかであり、一人残らず学びの作法と学び合う歓びを身体化していた。

重慶市江北区の学びの共同体は、東アジアにおける新しい挑戦と言ってよいだろう。このプロジェクトを創発し支援している北京師範大学教師教育研究センターの研究者たちと江北区の校長と教師たちに敬意を表したい。

しかし、中国の現実は過酷である。学校予算は上級学校への進学率に応じて配分されるため、これら極貧地域の学校は予算が枯渇している。教育局の支援も不十分、教師の地位も待遇も冷遇されている。途方もなく大きな壁が、この地域の校長、教師、子どもたちの前に立ちはだかっている。学びの共同体の改革は、この壁を前にして何をなしうるのだろうか。この二つの学校訪問の前日に行った重慶市教育局の招待講演、そして2日後に行った北京師範大学における招待講演において、私が言及できなかったのは、この問題である。

香港における学びの共同体 ―校長の指導性―

重慶市と北京市訪問の2週間後、香港中学校長会の結成50周年の記念招待講演で香港を訪問した。香港中学校長会は、50周年記念事業として「学びの共同体」の学校改革を政策化し、50周年記念大会の1週間前には約20名の代表者が茨城県牛久市の下根中学校、東京大学教育学部附属中等学校など、日本の学びの共同体の学校訪問を行っている。

香港を訪問した6月4日は、くしくも「6・4集会」（天安門事件の記念日の集会）が行われ、13万人の学生と市民が集って中国の民主化を訴えていた。中国でも、台湾でも、韓国でも、香港でも、シンガポールでも、インドネシアでも、ベトナムでも、タイでも、そして日本でも、学びの共同体の学校改革と授業づくりの根底には、アジア諸国における教育と社会の民主化の奔流が流れている。

しかし、香港における「学びの共同体」の学校改革は、他のどの地域よりも遅れている。もう10年来、何度も改革の兆しと政策化が模索されながら、そして香港の校長や教師のほとんどが私の著書の熱心な読者であるにもかかわらず、改革の実践はくすぶり続けたままである。今回の訪問で、その原因が何であるかを多少理解できた。最も大きな原因は、本格的なパイロット・スクールが今なお存在していないことと、もう一つは改革を支援するスーパーバイザーがいないことである。それらがくすぶりの最大の要因であるが、それだけではない。日本のパイロット・スクールを訪問した多くの校長たちが語る困難は三つある。一つは、授業におけるマイクの常用に象徴される騒々しい学校文化（聴き合う関係づくりの困難）、二つ目は競争主義の学校文化、そして三つ目は貧困層に対する劣悪な学校環境の三つである。これらの困難にもかかわらず、私の講演を企画し聴いた校長たちの意志は熱い。これから、どのような展開が起こるのか、愉しみである。

台湾における進展 ―質の高い学びへ―

中国訪問、香港訪問に先立つ5月1日から6日、台湾の台南市、台東市、宜蘭市、新北市の学校を訪問した。台湾は、この数年来、学びの共同体の改革が爆発的に普及した地域であり、韓国と並んでアジアにおいて最も活況を呈している国である。私にとって台東市と宜蘭市は初めての訪問であり、この訪問によって台湾で訪問していない地域は苗栗市だけとなった。先住民が4割を占める台東市の訪問は特に重要であった。この訪問によって台東市にもパイロット・スクールの建設が確かなものとなり、台湾全土の改革の網の目が形成されたからである。

さらに台南市、宜蘭市、新北市の学校訪問は貴重であった。台南市の大光小学校、宜蘭市の光復国小学校、新北市の康橋学校は、どの学校も「学びの共同体」の最高水準の実践に到達しつつあることを実感させてくれた。この三つの学校は、それぞれ改革の文脈を異にしている。台南市の大光小学校の学びの共同体は教員労働組合の教師たちが主導し、宜蘭市の光復国小学校の学びの共同体は市の教育局が推進し、新北市の康橋学校は台湾で最も授業料が高額（日本の私立の2倍以上）の私立学校である。それぞれ、まったく異なる文脈の学校であるが、どの学校も、最高レベルの学びの共同体の実践が実現していた。

この3校のいずれもが感銘深い訪問となったが、その中でも宜蘭市光復国小学校で観察した6年の社会科の授業は圧巻だった。この授業をデザインし実践したのは、朱堯麟先生、組合活動のリーダーで知性的な柔らかさを感じさせるベテラン教師である。この授業では

「共有の学び」として、地中海における密航者700人を乗せた船の難破事件、イタリアの火山の爆発、試験管ベイビーという医学技術の波紋、アフリカの動物の絶滅の危機、習近平のマレーシア訪問、ネパールの大地震、電子サイバー攻撃に対するオバマ大統領の抗議、チェルノブイリ事故被害者の現在の八つの新聞記事を読み、その一つを選んで「グローバリゼーション」の特徴をそれぞれのニュースから読み取る活動が展開された。その内容を全体で交流した後、「ジャンプの学び」として「世界市民として、これらの問題に対処するとすれば、それらの事件はどういう問題として認識されるべきか」をミニレポートとして叙述する活動が展開された。

朱先生の関わりも素晴らしく、生徒たちの学びも天下一品である。授業後、朱先生にどこで学んだのかを問うたところ、茅ヶ崎市浜之郷小学校の初代校長の大瀬敏昭先生の「命の授業」を知り、そこから学びの共同体の改革を知り、学びの共同体の理論を学ぶために日本語を習得し、独力で、関連図書を片っ端から読んで、5年以上も前から実践してきたという。すごい教師たちが、アジア各地で実践の最先端を切り拓いている。

学びの共同体の国際交流

国境を超えた研究交流

２０１５年8月6日から9日、学習院大学において第３回学びの共同体国際会議が開催された。共催は学習院大学文学部教育学科、日本学術振興会の科学研究費と日本児童教育振興財団の基金による国際会議である。この国際会議には、日本の参加者約７５０名を含む約８２０名が参加した。参加者は13か国・地域（日本、中国、韓国、台湾、インドネシア、ベトナム、タイ、マレーシア、香港、シンガポール、イラン、メキシコ、イギリス）に及び、一昨年度の第1回、昨年度の第2回と比べて、より広範な国々から多様な人々が参加し、4日間にわたって濃密で刺激的な報告と議論が展開された。

今回の国際会議の特徴は、基調講演とプレナリー・シンポジウムが充実していたことである。基調講演は、秋田喜代美（東京大学教授、世界授業研究学会副会長）、クリスティン・リー（シンガポール国立教育研究所教育課程研究所長、世界授業研究学会会長）、陳向明（北京大学教授）、スマール・ヘンダヤナ（インドネシア教育大学教授）、陳麗華（台湾・淡江大学教授）、孫于正《ソン・ウジョン》（韓国学びの共同体研究所長）、佐藤学（学習院大学教授）、プレナリー・シンポジウムは朱旭東（北京師範大学教授）、シリパルン・スワンモンカ（タイ・チュラロンコン大学教授）、齊藤英介（シンガポール国立教育研究所・専任講師）、サルカール・アラニ・モハメド・レザ（名古屋大学准教授）、北村友人（東京大学准教授）、コン・ティ・ディエム・ハン（ベトナム教育研究所協同研究員）、北田佳子（埼玉大学准教授）、森田智幸（山形大学准教授）、黄郁倫（東京大学大学院）ら、多彩な研究者による一線の研究報告が行われた。さらに最終日には、上海師範大学前学長の張民选教授による「上海のPISA調査結果と現職研修プロジェクト」の特別報告が行われた。

これらに加えて、初日の茨城県牛久市下根中学校（岩田博校長）における公開研究会は、この国際会議のハイライトの一つであった。夏休みにもかかわらず、池辺市長と染谷教育長の協力によって下根中学校には700名以上の生徒全員が登校し、すべての教室を公開し授業協議会が開催された。牛久市において学びの共同体の学校改革が開始されたのは10年ほど前、その後、困難校であった下根中学校において奇跡的成功が達成されて以来、市

第３回学びの共同体国際会議。

長の支援のもとで現在、すべての小学校と中学校において学びの共同体の学校改革を実現させ、それまで平均レベルであった学力水準を全国トップレベルへと飛躍的に向上させてきた。下根中学校は、その改革の象徴ともいえる学校である。

この公開研究会は、国際会議の一環として開催されたが、市内のみならず、県内外の教師たちが７００人以上も参加する一大イベントとなった。海外からの訪問者も含め、参観者全員を感嘆させたのは、同校の生徒たちの学びの素晴らしさであった。同校の子どもたちはすべて、小学校1年から学びの共同体の学校で育った生徒たちである。どの教室においても、生徒たちは自然体で、謙虚で誠実に真摯な学びを展開し、一人も一人にしない学び合いによって高いレベルの課題に挑戦している。さらに、参観者たちが感銘を受けたのは、教師たちの同僚性に支えられた授業協議会の素晴らしさである。どの教師も授業の良し悪しや授業技術の巧拙を議論するのではなく、生徒一人ひとりの学びを細やかに観察し、その学びが意味するものを探究し合っている。この光景は、通常の学校の授業協議会とはまったく異なっていた。

夏休みの真っただ中で公開研究会が開催されたことも、参観者を驚かせていた。真夏のしかも猛暑日である。牛久市ではすべての学校の教室の冷暖房が完備しているが、講演会の行われる体育館には冷房施設はない。その惨状を苦慮して、開催日の3日前の市長の英断によって、体育館全体を冷やす冷房施設がリースで配置された。「学びの共同体」宣言を行っている牛久市でなければ不可能な配慮である。市長をはじめ、牛久市のすべての方々に感謝申し上げたい。

実践的研究の深まり

学びの共同体の国際会議においては、授業の事例研究を重視してきた。第2回の国際会議は、すべてDVD記録を活用した授業の事例研究だけの会議であったし、この第3回においても、四つのプレナリー・シンポのうちの二つ、四つのセッションのうちの一つを授業の事例研究にあてた。シンポの基調報告においても、森田智幸さんをはじめ、ＤＶＤの授業記録によって子どもの学びの変化、教師の実践の変化を分析した講演は多かった。

　実践的研究の圧巻は、９日午前に報告された四つの事例研究である。北田佳子さんの事例研究報告、孫于正さんと申智媛さんによる韓国の授業の事例研究、ハンさんによるベトナムの授業実践の事例研究、そして黄郁倫さんと姜宏尚さんの事例研究は、いずれも授業実践それ自体の質の高さと実践的探究のレベルの高さを表現していた。

　とりわけ韓国の中学校の道徳授業のデザインとリフレクション、台湾の小学校の国語の授業のデザインとリフレクションは圧巻であった。韓国の道徳の授業は、歴史的に目的が「反共教育」というイデオロギー的性格が強いものであった。その伝統を克服し、偏見と差別の現実を直視し、そこから多文化の共存と民主主義の重要性、さらには人権にもとづくグローバルな市民性の獲得という道筋を具体的な学びのプロセスに埋め込んだ授業デザインによる授業実践の挑戦である。この道徳の授業は、「韓国人は犬を食べる」食文化に対するヨーロッパ人の嫌悪感を提示して議論することから出発する。そこから視点を変えて、今度はヨーロッパの人々の文化に対する韓国人の反応を議論し、最後にジャンプの課題として、多様な文化を有する人々が何によって共存し相互に理解し合えるかを探究していた。

他方、台湾の文学の授業では、環境問題をテーマとした文学作品の読みを追求し、ジャンプでは同種の二つのテクストの比較によって批評的な読みと批判的思考を学び合うデザインの授業がDVDで紹介された。黄さん（研究者）と姜さん（実践者）の協同によるリフレクションが、この事例研究では卓越していた。二人は、「ジャンプの学び」において、成績の優れた子どもと成績の劣る子どもが、どのような学びを実現しているのかを実例に即して子細に分析し、その様相をDVD記録で提示し考察した。その結果、「ジャンプの学び」において、成績の優れた子どもも成績の劣る子どもも、異なる内容と異なる筋道で、それぞれが学びにおける「ジャンプ」を達成していることを示し、「ジャンプの学び」の有効性が成績の優劣にかかわらず、質の高い学びとその学びの深まりにおいてきわめて有効な方略になっていることを説得的に提示した。

４日間の会議をとおして、13か国・地域における学びの共同体の挑戦が、それぞれの国の歴史的・社会的・文化的背景によって多様な様相を示していることと、にもかかわらず共通する論題も多いことを実感した。全体討議において、最も関心が高かったのは「ジャンプの学び」と「真正の学び」についてであった。教科書に縛られている教師がどのようにして「真正性」を求め「ジャンプ」を求めるようになるのか。「ジャンプの学び」をデザインするためには、どのような教師の研修が求められているのか。参加者のほとんどは、学びの共同体に関する著書を精読しているので、これからの研究と実践の核心にあたる事柄が熱心に議論された。

4日間をとおして国際会議の重要性を再認識している。国際的な比較と交流によって、すなわち外からのまなざしと内からのまなざしを往還することによって、自らの学校と教室の姿と改革の筋道が浮き彫りになってくる。来年度の第4回学びの共同体国際会議は、10月に北京師範大学において開催することが決まった。北京での開催は、また新たな国際的ネットワークを紡ぎだすに違いない。

韓国の熱い夏を経て

国際会議を終えた翌々日、第6回韓国学びの共同体研究大会に参加するため、釜山空港を経由して慶尚南道へと向かった。慶尚南道は慶尚北道と並んで、韓国で最も保守的な地域である。その慶尚南道に昨年、選挙によって革新教育監（教育長）が誕生した。韓国では17人の教育監がいるが、現在13人が革新教育監であり、革新教育監は「学びの共同体」の学校改革を「革新学校」のネットワークの中核に位置づけている。昨年、新たに選出されたパク教育監を支援するため、第6回学びの共同体研究大会は慶尚南道で開催された。

私は毎年、この季節に韓国を訪問し、学びの共同体研究大会に参加してきた。12日の朝、会場の講堂を訪問すると、1200名の座席が一席も余りなく、授業と学校の改革を希求する教師たちで埋まっていた。今年も申し込み開始から数日で定員を超過した。ほとんどの参加者が自費で参加し、終日、熱心に学び合う。韓国の教師たちは、学びと研修に飢えているといった方が正確だろう。

25の分科会が設けられたが、それらの記録に登場する子どもたちと学び合う教師たちを見て考えた。10年前に、このような教室が韓国に実現することを誰が想定できただろうか。このように学び合う教師たちを誰が想定できただろうか。学びの共同体は、こうして国境を超えて子どもと教師の希望の絆を結びつけている。

タイにおける学びの共同体の改革

タイ王国へ

タイで学びの共同体の改革が始まっている。この知らせを受けたのは２０１４年11月インドネシアで開催された世界授業研究学会（ＷＡＬＳ）の大会で基調講演を行った直後であった。インドネシアのスメダン地域の「学びの共同体」の学校改革がタイのテレビで放映され、その番組を視聴したチュラロンコン大学の教育学科の教授たちが同大学の附属小学校と附属中学校に導入し、その成果が素晴らしいので、バンコクの公立学校に普及しつつあるという。さっそく、導入を中心になって推進してきたチュラロンコン大学のスワンモンカ教授、および教育省の外郭団体ＰＩＣＯのニアポルンさん（愛称：ニー）と訪問の打ち合わせを行った。

９か月後の２０１５年8月、学習院大学で開催された第3回学びの共同体国際会議にタイからはスワンモンカ教授とＰＩＣＯの教育課長のフィリアさんとニー、それにチュラロンコン大学の教授たち数名が参加し、同大学教育学科スタッフが協力してバンコクを中心に創設している学びの共同体のパイロット・スクールの状況が報告された。スワンモンカ教授は「まだ着手し4か月で始まりの始まり」と慎み深く報告したのだが、すでにバンコクで40校以上のパイロット・スクールが創設され、改革のネットワークが形成されつつあるという。しかも、それらの学校で子どもの変化が著しく、教師たちは「学びの共同体」への確信を深めている。そして2か月後にＰＩＣＯが主催しタイの5千人の教育関係者が参加する「ＥＤＵＣＡ２０１５」での基調講演までも要請された。すでに日程が詰まっているため招聘には応えられなかったが、ベトナムで学びの共同体を推進しているシンガポール国立教育研究所の齊藤英介さんに代役をお願いした。

そうして２０１５年11月、タイ中部コンケーン大学で開催されたＷＡＬＳへ参加した後に、バンコクを訪問し「学びの共同体」のパイロット・スクールの訪問と授業参観と授業協議会、そしてチュラロンコン大学での講演とワークショップを行った。

これまで世界32か国・地域を訪問し学校の調査と共同研究を行ってきたが、タイへの訪問は初めてである。タイへの訪問は二つの意味で念願だった。一つは東南アジアのハイブリッドな歴史と文化を凝縮した社会と文化に対する関心である。タイは世界で5番目に世界遺産が多い国である。なかでも小乗仏教の歴史文化は魅惑的である。もう一つは、タイが日本と並んで植民地を経験しなかった唯一のアジアの国であることの意味である。第二次大戦後、タイは軍部によるクーデターを16回も繰り返しているが、王国としての安定は保たれており、苦節を繰り返しながら民主化を推進してきた国の一つである。この歴史は、どのような社会と経済と文化と教育を実現しているのだろうか。興味は尽きない。

WALSから学びの共同体へ

コンケーン大学で開催されたWALS2015は、APEC(アジア太平洋経済協力会議)の数学教育のプロジェクトの共催のもとで開催された。同大学教育学部長のマイトリー教授は、APECの数学教育国際会議を主催する筑波大学に留学して数学教育を学び、コンケーン大学はAPECの数学教育の筑波グループと密接な関係を築いてきた。日本の授業研究の世界への発信は、このようにアジア外交のAPECやODA(政府開発援助)の基金による筑波大学、広島大学を中心とする教育研究者によって推進されてきた。WALS2014は、APECなど日本政府の開発援助によって海外に普及している授業

タイの学びの共同体の教室風景。

研究と学びの共同体に象徴されるインフォーマルな国際ネットワークによって普及している授業研究との違いが明瞭に示される興味深い大会であった。

そのコンケーン大学の国際学会を終えてバンコクに移動し、チュラロンコン大学を訪問した。チュラロンコン大学（1917年創設、15学部の総合大学）は「タイの東大」と称される大学（世界ランク69位）であり、学生も教員もすべて英語でコミュニケーションや講演が可能である。シンガポールや香港の大学を除けば、最も欧米の学問と文化に開かれた大学の一つと言ってよいだろう。同大学の教育学部は「徳を備えた知」（knowledge with virtue）を理念として掲げており、この理念にもとづく教育を同じキャンパスにある附属小学校と附属中学校で実践している。この附属小学校と附属中学校がタイにおける「学びの共同体」の最初のパイロット・スクールとなった。

さっそく附属中学校を訪問して「学びの共同体」の公開研究会に参加した。この日、提案授業を行ったのは中堅の男性教師のポルンテップさん、第8学年（中学2年）の科学「呼吸のシステム」の授業を公開した。35名の男女混合クラスであり、教室は男女混合4人グループのテーブルで配置されていた。なお、この日はボーイスカウトとガールスカウトの訓練日であったため、通常の制服ではない服装であった（写真参照）。

教室に入って最初に感じたのは、生徒たちの和やかな雰囲気である。同行したニーの語るところによると、学びの共同体を導入して、どの教室においても真っ先に変化したのは生徒同士の関係と教室の雰囲気だったという。競争状態に置かれた生徒相互のぎすぎすした関係や緊張した関係がなくなり、やわらかく温和で親近感のあふれる教室になったという。教室に温かい空気が流れ、静かで心地よい空間になり、笑顔があふれるようになったと語る。この教室もニーの言うとおりである。

ポルンテップさんは、最初にヨガの話を切り口として呼吸に関心を持たせて人体模型を提示し、第一の課題として「息を吸うときと吐くとき、人体のどの器官が関与しているか」

を考えさせ、咽喉、肺、横隔膜、腹膜の動きに着目させ、ワークシートに記入する作業を行った。第二課題として、それぞれの器官を動かしている筋肉の働きの関係、第三の課題として、閉じられた瓶の底をゴム幕で覆い、そのゴム幕を上下し閉じた瓶の中の二つの風船（ハイ）が変化する様子を観察して、人間の呼吸システムをモデルで示す図を作図し交流する活動が展開された。この学びのデザインは構造化されており秀逸である。

この三つの学習課題は、それぞれグループ活動による協同的学びによって遂行され、各課題ごとに全体で交流された。ポルンテップさんはもの静かな穏やかな教師であり、生徒たちとの信頼関係が優れているので、特別支援を必要とする生徒や学力に難がある生徒も含まれているのだが、どの生徒も安心して協同で学び合い、授業が進行し後になればなるほど夢中になって学びに専念している。一つのグループで途中から学びから離れ閉じこもった生徒が一人現れたが、そのグループは男子だけで構成されていた。ここも男女混合に組織されていれば、ほぼ完璧と思われる学びが実現しただろう。

教育学科の教授たちと附属中学校の教師が参加した授業協議会においては、生徒一人ひとりの学びを観察し発見した事柄が生き生きと交流された。教育学科の教授たちは、いったいどのようにして「学びの共同体」の理論と実践を体得したのだろうか。彼らの識見の高さは心強い限りである。

飛躍への前兆

附属中学校の公開研究会の翌日、チュラロンコン大学の講堂で「学びの共同体の構想と実践」と題する講演を行った。同大学の教授、院生、パイロット・スクールの校長40名を含む150名を予定した講演会であったが、講堂をほぼ埋め尽くす約300名が参加した。いくつか難解な内容も含み、しかも盛りだくさんの内容のため、早口の英語の講演になってしまったが、途中、3か所タイ語への翻訳を入れただけで、講演内容がほぼ伝わったのも驚異的である。聴衆の集中度と熱気には、講演をしている私が圧倒されるほどであった。

講演後の質疑応答も私には刺激的だった。コミュニケーションが苦手な生徒の扱い、ヴィゴツキーのZPD（発達の最近接領域）の論争問題、教師の学びを中心とする学校経営の在り方、幼児教育における学びの共同体の可能性など、質疑は多岐に及んだが、いずれもタイにおける教育論議の質の高さを感じさせるものであった。

タイにおける学校改革の可能性をさらに確信したのは、講演会の終了後に開催された学びの共同体パイロット・スクール40校の校長たちが参加したワークショップであった。どの校長も、すでに1年以上の学びの共同体の改革を経験しており、「ジャンプの学び」をデザインできる教師のコミュニティを校内にどう組織するか、この40人の校長ネットワークの改革を政府の教育政策にどう結合していくかなど、これからの改革の希望がそれぞれの経験に即して語られた。

すべての会議を終え、ニーとフィリアさん、タイでの学びの共同体の普及に裏方として協力している学研の高橋理恵さん（通常はインドネシアで活躍）の4人で一緒に、絶句するほどのうまさのタイ料理に舌鼓をうち、危険な魅惑ではまってしまったメコン（タイ・ウィスキー）に酔いながら、一連の会議の感想と今後の抱負を語り合った。高橋さんは「植民地を経験しなかったタイには自立の精神があり、それが学びの共同体とフィットしている」と語る。私も同感である。フィリアさんとニーさんは、すでにEDUCA2016は「学びの共同体」を中心テーマとし私を基調講演で招聘して開催することを決定していた。このEDUCA2016により「学びの共同体」は、一挙にタイの国家政策の一環として位置づくものになるだろう。来年が愉しみである。

中国における学びの共同体の進展

―質の高い学びの創造へ―

福建省から北京へ

２０１６年３月14日から18日福建省の学びの共同体の学校を訪問し、20日から25日北京の学びの共同体の学校を訪問した。中国において学びの共同体の改革が開始されたのは、私の翻訳書『静かな革命』（李李湄訳）が出版された２００２年である。この本は出版以来、爆発的に普及し、２００万部近くが印刷され、全教師の５人に１人が購読したと言われている。出版後15年を経過したが、今も毎年10万部以上販売されているので、この数字は誇張とは言えない。その後、中国語簡体字で翻訳された私の著書は６冊（近日刊行予定が４冊）、すべてベストセラーである。２００６年には海外の学者として初めて人民大会堂で講演を行い、この講演も普及の発火点となった。過去12年間、教育学研究への影響も大きく、私の著書と論文の引用数はトップを走り続けている。

中国における学びの共同体の普及は複雑である。改革拠点は全土に分散し、数えきれない拠点は何の連絡網も持っていない。そのため、どの地域でどのような改革が行われているのか、誰も全体像を把握していない。20近くの地域を訪問し各地で講演を行ってきたが、どの地域でも1千名から2千名を超える熱心な教師たちが参加していた。四川省の成都で行った講演の時は、1500名の会場に2500名が押し寄せ、2時間の講演を聴くためにチャーターしたバスで片道3日もかけて、多くの教師たちが参加していたのには驚嘆した。中国の教師たちの教育改革は真摯であり、学びの共同体に対する情熱はあつい。

中国全土で見えないかたちで推進されている学びの共同体の改革であるが、いくつかの拠点は明確に存在している。一つは、上海の華東師範大学の鍾啓泉終身教授、沈暁敏教授を中心とする拠点である。鍾啓泉教授は中国の教育課程改革の中心的指導者であり、私の著書の多くを翻訳してきた。沈暁敏教授は、東京大学の私の研究室で1年間、客員研究員をつとめ、上海と浦東と寧波にいくつもの学びの共同体のパイロット・スクールを建設している。二つ目の拠点は、北京師範大学の教師教育研究センターであり、朱旭東教授、袁麗准教授を中心に重慶市などの学びの共同体の学校改革を推進している。三つ目の拠点は中国教育科学院であり、全国20の実験区において学びの共同体の改革を開始している。これらに加え、上海市、北京市をはじめ、各省や市や区の教育委員会、各地の師範大学、師範学院、教師研修学校において学びの共同体の改革が導入され多様なプロジェクトで挑戦されている。

福建省における改革事例

中国各地の学びの共同体の学校訪問は30回以上に及ぶが、福建省への訪問は初めてである。福建省における改革は、２０１２年、福建師範大学の余文森教授と教師たちによる台湾への学びの共同体の学校訪問によって本格化した。それを仲立ちしたのが、台北教育大学元学長の歐用生教授であり、新北市で改革を実践した林文生校長である。それ以前（７年前）から福建省の各地で私の著書の読書会が継続しており、他の地域と同様、改革は私の著書の学習によって開始されていた。３日間同行して、余文森教授の教育学的な識見の高さと優れた指導力、そして穏やかな人柄に深い感銘を受けた。福建省における改革の成功の秘密は、この余教授の見識の高さにある。

最初に訪問した学校は厦門《アモイ》市の菜塘《サイタン》小学校である。同校は、中国社会の最貧困層である出稼ぎ農民の子どもたちが90％を占める市内で最も困難な地域の学校である。学びの共同体の改革が開始されたのは3年前、校長の見事なリーダーシップのもとでどの子どもも学びに夢中になり、すべての子どもを学びの主人公にする協同学習を実現して、学力の飛躍的な向上を達成した。その画期的成功により、同校は22学級の学校から一気に66学級の学校へと拡張し、市内随一の新校舎も建設された。

同校の教室を参観し、授業実践の質の高さに感銘を受けた。子どもたちの社会経済的文化的背景を考慮すると、驚異的な成功と言ってよい。今年から学級数が3倍に拡大したため、小学校低学年と中学校は今後若干の改革が求められるものの、小学校3年から6年までの授業における協同的学びと授業デザインは素晴らしく、質の高い学びが実現していることに感銘を受けた。同校は一つの事例だが、この15年間の中国の授業改革の進展は目を見張るものがある。「円柱の表面積と体積」（6年）の提案授業は、表面積と体積の公式の意味と応用を求める高レベルの探究が協同で実現しており、その協議会も子ども一人ひとりの学びとつまずきを子細に省察する充実した研究会であった。

莆田市では創設されたばかりの教師研修学院附属小学校を訪問した。小学校3年までの子どもたちが11学級で学んでいた。同校は昨年の創設時以来、学びの共同体の改革に挑戦し、1学期に26人全員の教師の提案授業と協議会がもたれたという。小学校においては低学年の授業改革が最も困難であるが、同校の低学年の提案授業は秀逸であった。2年生の算数「平

福州教育学院附属第四小学校のペア学習。

行移動」の授業だったが、平行移動の概念を発見し、応用し、概念化し、さらに概念の具象化を求める素晴らしい学びのデザインである。その一つひとつの段階でペア学習が組織され、しかも、ペア学習を織り込んだ全体の学び合いが教師の細やかな対応とつなぎによって進行する。パーフェクトともいえる授業の展開である。この授業は映像カメラで中継され、協議会と私の講演も、別室の800名を超える教師たちによって参観された。

莆田市での教師たちとの懇親会は市長も交えて盛り上がった。海鮮料理の宴会だったが、私がシャコを頼むと、「シャクウ」と方言で発音する。この地は、かつて漢字の音読みを伝えた呉の国の地域である。ほとんどの漢字の音読みがこの地の方言なのだ。ちなみに昼食で馳走になった伝統料理のつゆいり麺は、長崎ちゃんぽんそのものだった。この地は歴史的に日本の文化と深いつながりを持っている。

福州市では福州教育学院附属第四小学校において、国語の授業を中心とする学びの共同体の研究会が開催され、中国全土から1500名を超える教師たちが参加した。すべての教室を参観したが、授業実践の質の高さに驚いた。都市部の若い教師たちは総じて優秀であり（ほとんどが修士号取得者）、その優秀さが改革の質を保障している。特に低学年のペア学習は秀逸である。恋人のようにささやき聴き合ってペア学習を行う子どもたちは、どの子もこの上なく愛らしく、学びの幸福感に満ちている。

午後の提案授業は、林校長自らが5年生を対象にして行った。1500名の参観者に囲まれた授業である。テクストは『水滸伝』の有名な「武松、虎を打つ」。まずテクストの個人読みから入り、武松の行動と虎の行動の描写を確認したのち、グループ活動で「最も印象に残る描写の箇所」の交流による読み深めへと展開する。林校長は特級教師であり、さすが著名な授業者である。言葉と文体の気づきを促す学びのデザインも優れていたが、授業における〈もどし〉の素晴らしさは天下一品である。60分の授業で、6回もテクストにもどして音読を促し、5回もグループ学習にもどして深い学びを実現していた。この36

人のクラスには、2人の緘黙の子どもと4人のADHDの子どもがいるのだが、おそらく参観者のほとんどはその存在に気づかなかったに違いない。それほど、子どもたちは夢中になって聴き合い、学び合い、テクストを読み浸っていた。

北京市の三つの学校を訪問して

東京に戻って学会関連の会議とシンポを終え、4月20日、再び中国へ出発した。今度は北京である。中国教育科学研究院（旧称：中国中央教育研究所）の招聘である。この研究院とのつながりは13年目になる。同研究院は13年前から私の研究に深い関心を寄せ、学びの共同体の改革の推進の可能性を探ってきた。

同研究院で講演を行った後、北京市海淀区中関村第一小学校の公開研究会に参加した。同校は、北京大学と中国科学院の間に所在し、児童の多数が大学と研究院に勤務する親たちである。中国で最も教養水準の高い家庭の子どもたちと言ってよい。北京市における学びの共同体は、13年前から北京大学附属小学校、精華大学附属小学校など、トップレベルの小学校において積極的に導入されてきたが、同校の子どもたちも多彩な能力に恵まれており、その個性と協同性の発達に学びの共同体は大きく貢献していた。同校は三つのキャンパスに５４００名も児童が通うマンモス校だが、すべての教室において学びの共同体が導入されているという。参観して印象深かったのは、文学、美術、音楽、科学の教育の卓越性である。ある2年生の教室で後ろの黒板に『大学』（四書五経の一つ）の第一章と第二章が掲示されていたので、子どもに「知っているの？」と尋ねると、全員が第一章を暗唱したのには驚いた。それほどハイレベルの教育なのである。

翌日は、朝陽区白家庄小学校、その翌日は北京原人の骨が発見された房山区の教育委員会で区内のすべての校長と副校長を対象に講演を行った後、房山第二小学校を訪問した。白家庄小学校は、近年まで90％以上が農民だった地域であり、学びの共同体は全クラスで実践され、質の高い学びを実現していた。房山区は、中国教育科学院の田輝さんを指導者として、今年からすべての小中学校で学びの共同体の改革を開始するという。今後の展開が愉しみである。

中国における学びの共同体の改革
―第3期の始動―

中国の春

中国の春は一気に訪れる。その2月から3月（2017年）、上海市と寧波市（2月26日から3月4日）、長春市（12日から15日）、北京市と重慶市（21日から29日）の学校と大学を訪問する3度の機会を得た。上海市は学生の海外研修としての訪問、寧波市、長春市、北京市、重慶市は学びの共同体の改革を支援する訪問である。

中国における学びの共同体の改革は第3期を迎えている。第1期は1990年代の初頭、上海の教育研究者たちを中心に私の論文の研究会が生まれ、1995年からは3部作『カリキュラムの批評』『教師というアポリア』『学びの快楽』が教育科学出版社から翻訳出版された。これらの著書は2002年の教育課程改革など、教育課程政策の基礎を提供したと言われる。第1期の象徴的出来事が私の著書『静かな革命』（２００２年）の出版であった。同書は爆発的に教師たちに普及し、学びの共同体の改革の発火点となった。

第2期は２００６年の人民大会堂招待学術講演（「現代のデューイ」の称号を授与）以後の動きである。人民大会堂における講演によって、学びの共同体の改革は政府の教育部と科学技術部のお墨付きを得て、行政主導の改革として各地に拡大した。なかでもハルビン市、咸陽市、上海市などでは区を単位とする改革が進行した。私の著書のほぼすべてが翻訳出版されるか出版予定であり、それらは毎年教育部の推薦図書となり、すべてベストセラーとなった。中国における学びの共同体は、本による普及であり哲学と理論による改革という特徴を有している。

第3期は学びの共同体の国際会議を北京師範大学において開催した２０１６年前後からの改革である。第3期の特徴は質の高い実践が成立していること、各学校が大学や教育学院もしくは教師研修センターと連携して改革を推進していることにある。その象徴が北京師範大学教師教育研究センターにおける学びの共同体研究所の創設（２０１６年）だろう。この研究所の専任には、東京大学の私の研究室で10年間学んだ于莉莉さんが着任し、教育学部長の朱旭東さんが所長、私が名誉所長、そして東京大学の浅井幸子さん、埼玉大学の北田佳子さん、山形大学の森田智幸さんが協力研究員として参加している。中国の学びの共同体は無数に取り組まれながら、中国の特殊事情からネットワークを構築していなかった。今後は、この研究所を中心に各地の改革がネットワークでつながることになる。

しかし第3期において複雑な状況も生じている。その一つは改革の企業化である。毎週のように講演依頼が届くが、企業化した団体の依頼も少なくない。一回の講演料が100万円という法外な依頼も珍しくない。そのような依頼はすべて断っているが、ネットを見ると、私が承諾してもいない講演の予告が多数宣伝されている。人集めに勝手に名前を使っているのである。しかし、多数の依頼や無数の情報の中で、どれが企業化した団体の依頼や情報で、どれがそうではないのかを識別することは容易ではない。ネット上の学びの共同体の情報には誤った情報も多数存在している。その意味で、北京師範大学にネットワークの拠点が成立したのは重要である。

学校を訪問して

この1か月の3度の中国訪問で、華東師範大学、上海師範大学、東北師範大学、北京師範大学、重慶市江北区教育局で講演を行い、上海市黄浦区第一中心小学校、上海市子長学校、上海市浦東区教区学院の実験小学校、上海市静安区第一中心小学校、寧波市海曙学校、

東北師範大学附属小学校、吉林大学附属学校、北京市史家小学校、重慶市華新実験小学校、重慶市沕蜀都中等学校において、授業観察と授業協議会に参加し講演を行った。どの講演も満席である。どの地域に行っても、1千人を超える会場が常に満席になるのは、私にとっても驚きである。それほど学びの共同体の改革は、多数の教師たちに支持され実践されている。

その底流には何があるのだろうか。上海市静安区第一中心小学校を訪問して、その一端を認識することができた。同校は1910年代にコロンビア大学に留学しジョン・デューイのもとで学んだ陳鶴琴が創設した学校であった。デューイに学んだ中国人としては日本では胡適、陶行知が知られており、中国では陳鶴琴は幼児教育の創始者として知られている。しかし、カリキュラムと授業の改革においては「活教育」を提唱して活動単元を実践した陳鶴琴の方がより重要である。同校には陳鶴琴がデザインした校舎も残っていた。

その校舎を見、陳鶴琴が構想したカリキュラム（現在の同校も継承）を史料で見て、私は感動せずにはいられなかった。コロンビア大学の附属小学校ホーレス・マン・スクールとリンカーン・スクールのカリキュラムと校舎が息づいていたからである（拙著『米国カリキュラム改造史研究』参照）。リンカーン・スクールは私も訪問した学校であるが（現在は廃校）、その校舎とカリキュラムがこの中国において継承されていたのである。

(この出来事には事後談がある。帰国後、国立教育政策研究所で中国教育史を研究している一見真理子さんから嬉しいメールを受け取った。私が同校を訪問した翌日、一見さんは偶然北京で陳鶴琴の家族と面談し、私の訪問を同校のホームページで知り、陳鶴琴の息子、娘たちと語り合ったという。なお、一見さんは現在、陳鶴琴全集の日本語による出版を準備している。)

この一例が示すように、学びの共同体の改革の根底には、それぞれの国における子どもの学びを中心とする教育革新の伝統があり、教育を民主化する改革の歴史がある。

改革の実践から学ぶもの

中国における授業改革の進展は著しい。30年前にこれほど質の高い学校教育が実現することを誰が想像できただろうか。その秘密の一つは教師たちの優秀さにあると思う。この30年間に教師たちの教育学の知識と教科内容の知識は著しく向上した。なかでも授業プランが構造化され洗練されていることは、どの授業を参観しても印象的である。具体的な実例を示そう。

重慶市華新実験小学校で、「風を描く」(小学2年国語)と「排除法」(小学5年数学)

華新実験小学校２年の国語の授業風景。

の二つの授業を参観した。小学2年国語の教師は王さん（女性）、小学5年数学の教師は呉さんである。
「風を描く」は、見えないし触れられない風を3人の子どもが絵に描いたことを記した文章がテクストである。王さんは、授業の冒頭で「風」という唐時代の4行の漢詩を提示し、音読で鑑賞した後、テクストの文章の音読へと入る。その後、新出漢字とその発音を確認し学んだ後、テクストに登場する3人の子どもの名前の漢字から、漢字の成り立ちを学ぶ。たとえば「宋丹」という名前の場合、宋の発音、「丹」の象形文字、そこから派生する「丹」の二つの意味（赤色、薬）、「牡丹」「丹頂鶴」における「丹」の意味へと想像力を広げる。併せて、ここでも古典の『百家姓名』の原文を提示して、３人の登場人物の姓を古典の中で確認する。次には、３人の子どもがどう風を描いたかをテクストから探し出し、それ以外にも風を描く方法がないか子どもたちに想像させている。「斜めの雨を描く」「落葉の様子を描く」など、いろいろなアイデアが交流される。そして「風来る（風来了）」が４回繰り返される定型詩が創作され交流され、最後にテクストの音読で授業が閉じられた。これらの学びのすべてにペア学習が取り入れられていた。この授業は、漢字の学びを中心にしながら、それ自体が文学の学び、文学の言葉の学びになっていることが素晴らしい。

他方、呉さんの数学は、「チョコレートの袋詰めが81袋あり、そのうち１袋だけがチョコレートの数が少ない。その袋を天秤で探す方法で、最も天秤を使う回数を少なくして探すのにはどうすればいいか」という問題を探究する授業であった。老子の「すべて単純なところから思考せよ」という格言が提示され、まず袋が３個の場合が検討され、次に５個の場合、そして９個の場合を探究して、81個の場合の解決へと学びが展開された。学びはすべてグループ活動で行われている。

この授業も授業の構造化が明確であり洗練されている。呉さんの授業の目的は「数学的推論」にあり、この題材においては「場合分け」と「パターン認識」の二つが探究の方法として一貫しているのが素晴らしい。袋が３個の場合は（１、１、１）で天秤を１回使うだけでよく、5個の場合は2回、9個の場合も（3、3、3）に分けて2回、81個の場合は（27、27、27）、次に（9、9、9）、そして（3、3、3）に分けて天秤を使い、4回天秤を使って見つけ出せる。そこには3で割った平均値に分けるという同型の構造がある。その発見が、この授業における「数学的推論」の中核になっている。この授業の課題は高度であるにもかかわらず、子どもたちは課題のレベルが高くなればなるほど、一人残らず夢中になって学び合っていた。

これからの中国における授業と学びの改革は、授業の計画づくりにおいて優秀な教師たちの実践を学びのデザインにおいて優秀な実践へと転換することにある。この転換は、決して容易なことではない。「授業のプランづくり」から「学びのデザイン」への転換は、学びの哲学と理論の転換を必要とし、授業と学びのスタイルの転換を必要としている。第3期の改革において、その一大事業を教師たちと共に追求したい。

韓国の熱い夏
―学びでつながる教師たち―

年次大会

今年も韓国の熱い夏の日がやってきた。２０１６年8月12日と13日、第７回韓国学びの共同体研究会の年次大会が仁川《インチョン》市で開催された。韓国の学びの共同体の改革が開始されたのは約15年ほど前だが、９年ほど前、韓国の代表的な代案学校（オールタナティブ・スクール）である以友学校において画期的な成功を収め、その後、爆発的な速度と規模で、全国の公立学校に普及した。韓国学びの共同体研究所が創設され第１回の年次大会が開催されたのが8年前である。第１回の開催時には、韓国において参加費を徴収する教師の研究集会は初めてであり、休日の開催も初めてのことだったので、いったい何人が参加するか、危惧されたが、予想を超える５００名が参加し、改革のうねりの台頭を感じさせるに十分であった。その予感は的中した。第2回以降は、毎年、1千名以上の参加者の申し込みが押し寄せ、わずか数日で申し込みを打ち切る状態が続いている。これまでの開催地は、ソウル市、京畿道、光州市、全州市、慶尚南道、そして今年は仁川市である。仁川市では、この数年来、学びの共同体の改革が着実に前進しており、その波を受けての開催となった。

この8年間で、学びの共同体の改革が爆発的な普及をとげた背景には、革新的教育監の誕生と革新教育監の推進する革新学校の普及がある。韓国では教育監（教育長）が教育大臣と同等の権限を持っており、通常の政治家と同様、選挙によって選出される。革新教育監とは、教師と子どもの人権の擁護を宣言した民主的教育監である。２００７年に最初の選挙によって京畿道で革新教育監が誕生、彼は学びの共同体の改革のネットワーク方式を導入し、民主教育を推進して教育のイノベーションを遂行する「革新学校」のネットワークづくりを開始した。２０１２年には革新教育監は5人、２０１５年には全17人の教育監のうち13人が革新教育監になった。残りの4人のうち2人は政治的には保守だが、学びの共同体の賛同者であるから、事実上、韓国のほとんどの地域において学びの共同体の改革は後ろ盾を獲得したことになる。

しかし、これらは爆発的普及の背景にある条件でしかない。改革の普及と発展の最大の推進力は、韓国学びの共同体研究所長の孫于正《ソン・ウジョン》さんと同研究所の１４０人のスーパーバイザーをつとめる校長と教師たちである。実際、孫于正さんという卓越した教育学者が存在しなければ、韓国の学校改革は、まったく異なる様相を示しただろう。孫さんは、東京大学大学院教育学研究科の私の研究室で学び博士号の学位を取得したのち、釜山の新羅大学に就職、その教授職をなげうって韓国学びの共同体研究所を創設し、一日も休みがないほど、車で韓国全土の学校を訪問して校長と教師たちの改革を支援し、私の著書8冊を翻訳出版し、自らも著書と論文の執筆を行って、韓国の学校改革と授業研究の第一人者として活躍してきた。たった一人で韓国全土の学校改革を創出してきたのである。その不屈の意志と驚異的な実績は感嘆に値する。

高いレベルで安定した授業実践

早朝、年次大会の会場である仁川国立大学の講堂を訪れると、すでに韓国全土から1千名を超える教師たちが集っていた。仁川市は交通の便が悪いので参加人数が危ぶまれたが、済州島の会員60名中57名が参加するなど、韓国全域から熱心な実践者が参加する大会となった。市の教育監の歓迎の挨拶に続いて、孫さんが開会の挨拶を行い、さっそく三つの実践報告が行われた。

最初の報告は京畿道のウォリムン小学校のパク・チュンピ校長の報告である。韓国には現在、約300校のパイロット・スクールが建設されているが、その9割は中学校であり、小学校の改革は貴重である。パク校長は、韓国で翻訳された私の著書を暗記するほど熟読してきた校長であり、学びを中心とする授業づくりをすべての教師が協同で推進することによって校内の同僚性を築き、質の高い学びを学校全体で達成してきた。すべてが説得的であり、堅実な改革の典型を提示していた。二つ目の報告は、済州島の小中学校のキム・ギュウジュン校長の報告で、三つ目の報告は、仁川市の教師、ソン・ギシンさんが市内の教師を対象に組織している学びの共同体研究会の5年間の歩みについて報告された。彼は、コメディアンとしてそのまま活躍できるほど話術にたけている。ユーモアあふれる語りで、彼は仁川市のパイロット・スクールが毎週水曜日に授業研究を実施してきたことと、市内の教師たちが学校を超えて参加している「学びの会」について報告した。

驚くのは仁川市の「学びの会」の発展である。2015年3月に約30名の参加で出発した「学びの会」だが、現在では月例会に200名近くの教師、12月の大会には1千名近くが参加する会へと発展をとげてきた。その秘密は、ビデオの授業記録による協議会の質の高さにあり、もう一つは、誰もが対等な立場で主人公として自由闊達に授業づくりに参加できる対等な人間関係にある。仁川市は、もともと保守的な教育風土の強い地域であり、まだパイロット・スクールの数は少ないが、教師たちの学びのエネルギーは飛躍的に向上し、質の高い授業づくりを実現してきた。

三つの実践報告の後は、私が「質の高い協同的学びをデザインする」と題する講演を行って昼休み、午後は小学校、中学校、高校の計24分科会に分かれてビデオ記録にもとづく授業協議会、そして全体会（講堂）での提案授業のビデオ視聴と私と孫さんと授業者による事例研究が行われた。いつも感動するのは、分科会で提供される24の実践事例と全体会の提案授業の質の高さである。4年ほど前から、大会で提示される授業の質の高さでは、韓国の大会は日本の大会のレベルを超えていると思う。

全体会の提案授業は、仁川市の小学校教師ソ・ミジンさんの算数「円の面積」（5年）であった。ソさんは中堅の女性教師であり、校内で一人学びの共同体の授業づくりを進めてきた。韓国では中堅の女性教師たちが優秀であり、その優秀さに支えられて改革が進展してきたが、ソさんもその一人である。授業では〈共有の学び〉として、同じ正方形に1個の円、4個の円、16個の円が内接している場合、それらの円が占める面積は同一であることを計算で発見する学びがグループ学習で組織され、〈ジャンプの学び〉として運動場の半円部分の直径が50メートルのトラックで200メートル走を行う場合、四つのコースのスタート地点をどこに求めればいいかという課題で協同的学びが展開された。この授業で私が学んだことは、学力差が激しく低学力の子どもが多いにもかかわらず、グループ学習でどの子も対等な関係で最後まで夢中になって学んでいること、それを可能にしている聴き合う関係の素晴らしさ、そしてソ先生が一人ひとりの学びを細やかに観察しており、その結果、どの指名も的確な判断で行われていることだった。ソ先生の一人ひとりの学びに対する観察の細やかさと指名に端的に表現されている判断の的確さは、参加者全員に質の高い学びの創造への貴重な示唆となった。

改革を支えるもの

翌13日は、スーパーバイザーの研修会を行った。毎年8割以上のスーパーバイザーが大会に参加するが、今回も140名中120名が参加した。彼らは大会前日も大会準備を行ったうえで夜に研修会を開いた。年間4回の合宿研究会を行って、改革の前衛としての知識と能力を高め合っているという。彼らは学ぶことが大好きなのである。いつも感じることだが、韓国の学びの共同体の改革は、彼ら彼女らの教師としての専門職性の優秀さ、改革と実践に対する真摯で誠実な態度、そして彼ら彼女らの親密な連帯によって支えられている。

韓国の学びの共同体研究大会の参加者たち。

今回彼らがテクストに選んだのは、ネル・ノディングズの『学校におけるケアの挑戦』であった。彼らはテクストを細部まで読み込んでおり、その理解にもとづいて、「ケアリング」の概念、ケアする者とケアされる者との倫理における対等性、学びの共同体とケアの共同体との関係について深い学びが実現した。

大会をすべて終えて、午後は仁川市教育局主催の校長・副校長の全員を対象とする講演会で「学びの共同体の学校改革」と題する講演を行った。この講演会も、一般教師が校長・教頭の数に匹敵するほど参加し、仁川市の改革のエネルギーの確かさと高まりを再び実感することとなった。

すべてのスケジュールを終えて仁川市か

らソウル市へと車で移動しながら、韓国の学びの共同体の改革が新しい段階へと移行していることについて思いをめぐらせた。これまで学びの共同体の改革は、革新学校の韓国全土における普及を基盤として進展してきた。しかし、昨年あたりから革新学校は、授業改革と学校の改革を中心として教育のイノベーションを追求する改革から学校と教師が地域コミュニティにサービスするイベントを中心とするものへと変質しつつある。学校教育のイノベーションよりも地域コミュニティに対するサービスの方が、テレビや新聞で報じられやすく政治的な効果も高いからである。この変化によって、もはや革新学校に依拠する有効性は薄らいでいる。

来年の夏の大会は清州《チョンジュ》市で開催されることとなった。清州市は交通の便がよく、大学などの施設にも恵まれていることから、第5回学びの共同体国際会議（今年は北京）も併せて開催することとなった。来年は、いっそう熱い夏を迎えることになるだろう。

拡大する国際ネットワーク
―アジア諸国の動向―

学びの共同体の海外発信

学びの共同体の改革は国際的関心を高め、諸外国における実践が拡大してきた。学びの共同体の海外発信は、２０００年頃からメキシコとアメリカと韓国で始まり、その後はアジアを主要な舞台として展開してきた。今年（２０１６年）度も8月以降の3か月余り、韓国、イギリス、中国（長春）、タイ、中国（北京）、インドネシア、台湾（高雄）において総計10の学びの共同体に関する招待講演を行ってきた。

なかでも印象深かったのは、10月に訪問したタイのＥＤＵＣＡ２０１６における国際会議と同じく10月に北京で開催された第４回学びの共同体国際会議、11月に参加したインドネシア授業研究学会主催の国際会議である。これらの国際会議は、いずれも学びの共同体をテーマとして開催され、新しいステージを切り開くものとなった。

タイは、最も遅く学びの共同体を導入した国の一つである。３年前、タイのテレビ局がインドネシアのスメダン地域の学びの共同体の学校を特集、この番組に感銘を受けたチュラロンコン大学教育学科のスタッフ全員が、附属小学校と附属中学校および同大学の卒業生の校長ネットワークによる挑戦を開始した。子どもの学びの変化は著しく、２０１５年私が初めて訪問した時にはすでに、20校を超えるパイロット・スクールがバンコクを中心に組織されていた。改革の中心的役割を担っているスワンモンカ教授は、タイの教育学者たちが長年希求していた姿が学びの共同体の教室にはあると語る。

２０１６年10月、タイの学びの共同体は新たなステージを切り開いた。タイの国家政策を委託されている企業ＰＩＣＯの教育担当のフィリアさんとニアポルンさんが、昨年学習院大学で開催された第3回学びの共同体国際会議に参加して「これだ」と確信し、チュラロンコン大学の挑戦を支援する活動を推進してきた。ＰＩＣＯは教育省と共催で毎年、ＥＤＵＣＡという一大イベントを企画しているが、今年のＥＤＵＣＡ２０１６は「学びの共同体」をテーマとして開催され、その基調講演に私が招待された。ＰＩＣＯは9月に私の著書『学校を改革する―学びの共同体の構想と実践』（岩波書店）をタイ語に翻訳出版し、ＥＤＵＣＡ２０１６では初日だけで5千部も頒布された。ＥＤＵＣＡ２０１６に参加して規模の大きさに驚嘆した。私の基調講演だけで教師5千人、「学びの共同体」をテーマとする企画全体の参加者は5万人を超えている。

ＥＤＵＣＡ２０１６における学びの共同体に関する国際会議では、日本、イギリス、韓国、ベトナム、インドネシアの経験が交流された。最も啓発された報告は、ベトナムのハノイ市近郊のビクソン小学校のファン校長の「学校づくり」の報告だった。同校は一昨年、昨年と2回訪問した学校である。ファン校長の教育的見識に満ちた報告は圧巻だった。ファン校長は同校に着任して以来5年間、一日も欠かさず校内のすべての教室を10分ずつ参観し、観察時の写真を使って教師一人ひとりを励まし支援してきた。ファン校長は、学校改革の秘訣を「すべての子ども、すべての教師の心の抑圧を除去して、子どもと教師の創造性を引き出すこと」と語った。至言である。

アジア諸国における学びの共同体

タイの国際会議の2週間後、北京師範大学において第4回学びの共同体国際会議が開催された。第1回、第2回、第3回の国際会議は学習院大学で開催しており、海外で開催するのは初めてである。中国では２００２年頃から学びの共同体の改革が広域に拡大してき

北京師範大学における第４回学びの共同体国際会議。

たが、２０１４年頃から第二の普及の波を迎えている。第一の普及の波が行政主導であったのに対して、第二の普及の波は大学を拠点としており、質の高い実践が続々と生み出されているのが特徴的である。中国における拡大は、私の著書の翻訳出版によるところが大きく、したがって理論と哲学による普及という特徴を有している。私の著書の熱狂的読者たちが改革の中心に位置づいている。そして北京師範大学は、中国教育科学院と並んで、北京市における学びの共同体の推進センターとしての機能を果たしてきた。

初めての海外での国際会議ということもあり、参加国は中国、日本、韓国、台湾、インドネシア、タイ、シンガポールの７か国・地域に限定され、例年より10か国ほど少なかったが、内容は今まで以上に濃密であった。シンガポールのクリスティン・リー（世界授業研究学会前会長）、陳向明（北京大学教授）、秋田喜代美（東京大学教授）など、豪華な講演者が迫力のある講演で会場を熱狂させた。北京師範大学の実行委員会は、広く知られると4千人、5千人が押し寄せてくるので広報は学内に限定してきたが、それでも当日は情報を入手した熱心な人々が中国全土から集まり、600人の会場があふれる盛況であった。

この国際会議の最大の成果は、北京師範大学教師教育研究センターに「学びの共同体研究所」が設立されたことである。この研究所は、東京大学大学院で学んだ于莉莉さんが常勤の研究員となり、私が客員教授、北田佳子さん（埼玉大学准教授）、浅井幸子さん（東京大学准教授）、森田智幸さん（山形大学准教授）が研究協力員となって、北京市をはじめ中国各地に改革の重点地域と準重点地域を設定し、全国的なネットワークを構築することになる。

国際会議の初日の午後、海外の参加者約50名で北京中学を訪問し授業を参観した。北京中学は開校して10年に満たない新設の公立学校であるが、校長は学びの共同体の熱心な支持者であり、多くの教師が革新的な実践に挑戦していた。まだ改革の途上とはいえ、提案授業（中学校3年）「思想品徳」の「改革開放政策のメリットとデメリット」（公民）をはじめ、探究的思考と批判的思考を追求する協同的学びの質の高さを確認することができた。提案授業では、20人ほどの生徒たちが五つの4人グループで学び合い、各自1台ずつ貸与されたタブレット端末を活用し、教師が準備した豊富な資料を駆使するだけでなく、インターネットの情報を活用して、「改革開放政策」が政治、経済、文化、教育に及ぼしている影響を批判的に探究する学びが遂行されていた。授業を参観した日本からの参加者たちは、「一党独裁」の中国において、日本では見られないほど高度の「批判的思考の教育」と「民主的な主権者教育」が実現しているパラドクスについて深く考えさせられた。

この学校訪問において痛感したことだが、近年の中国における学びの共同体の実践は、量的拡大以上に質的な高まりが顕著である。3月に訪問した福建省の厦門《アモイ》市と福州市のパイロット・スクールの優れた実践、6月に訪問した北京市の中関村第一小学校、9月に訪問した長春市の東北師範大学附属小学校の授業実践の質の高さなどは、現在進展中の第二の普及の波が、質の高い学びの追求を主要な推進力としていることを示すものであった。

国際化の展望

北京の国際会議の1週間後、ジャワ島東部のムハマディア・マラン大学においてインドネシア授業研究学会の国際会議が開催された。この会議のメインテーマも「学びの共同体」である。ここでも基調講演を行い、大学近郊の学びの共同体のパイロット・スクールであるＳＤアナク小学校５年の数学の授業を参観し、授業協議会にも参加した。インドネシアの数学教科書は日本と比べて１、２年レベルが低いのだが、なぜか平方根が小学５年生に配当されている。提案授業を行ったのは３年目の若い女性教師。最初に前の時間に作図した面積１、面積２、面積３…面積９の正方形を黒板に掲示し、面積１の正方形の一辺は１、面積４の正方形の一辺が２であることを５分ほどかけて確認したのち、さっそく〈共有の課題〉である面積２の正方形の一辺を求めるグループ学習に入る。早い段階でグループ学習を入れていることは効果的であり、学習に困難な児童が何人もいるのだが、どの児童も仲間に支えられ夢中になって学びに挑戦している。どのグループも難航していたが、15分ほどたつと計算により「$1<x<2$, $1.4<x<1.5$…」という解へと近づいている。そこで教師は「√」という表記法を提示し、この表記法を用いて面積３、面積５、面積６、面積７、面積８の正方形の一辺も表記できることを示した。そして〈ジャンプの学び〉として任意の２桁、３桁の数を相互に出し合って、平方根をルートで表記するものと自然数で表記できるものの峻別を行わせた。見事な展開である。

その翌週、台湾の高雄市で、環太平洋教育学会（ＡＰＥＲＡ）と台湾教育学会（ＴＥＲＡ）

と世界教育学会（WERA）共催の国際会議の初日においても、ハンブルク大学のイングリッド・ゴグリン教授（ヨーロッパ教育学会前会長・世界教育学会元会長）の「多言語教育」の基調講演とともに「学びの共同体」の基調講演を行った。この国際会議においても、学びの共同体の改革への反響は著しかった。印象的なことは、これまで学びの共同体の改革との関係が希薄だった欧米の国々と東南アジアと中央アジアの国々の参加者からの反響が大きかったことである。なぜだろうか。

ゴグリン教授は基調講演の中で、ドイツの小学校は現在190以上の国々から移民が押し寄せ、ドイツ国内の学校では7千近い言語が飛び交っていると報告していた。彼女が調査したハンブルク市の学校では、小学5年の一人の女の子が家ではロシア語とトルコ語、学校ではドイツ語、友人関係では英語とフランス語を使って生活しているという。欧米諸国にとどまらず、グローバリゼーションによって各国の学校は、多文化・多言語状況へと突入しつつある。

その多文化・多言語状況へと突入している国々からの参加者が、なぜ学びの共同体に強い関心を示しているのか。これから熟考したい問題である。

韓国清州市そして北京へ

―東アジアの学びの共同体―

夏の研修セミナー

夏は研修の季節である。この1か月（2017年）、ほぼ毎日のように国内各地と海外各地で開催される学びの共同体のセミナーに参加してきた。8月4日は台北で開催された日本語教育の国際会議、世界各地の日本語教育に携わる教師たちが学びの共同体の実践に着手していた。翌5日は川崎市教育センターで川崎学びの会主催の研修セミナー、6日は三重学びの会のセミナー、7日と8日は犬山市において学びの共同体研究会のスーパーバイザー合宿研修会、そして9日は韓国の忠清北道教育監（教育長）との懇談、10日、11日は韓国学びの共同体研究所主催の夏季セミナーとスーパーバイザーの学習会、そして清州《チョンジュ》市校長会の講演会、16日は北京市教育局のプロジェクトによる学びの共同体の講演会、17

日、18日は北京師範大学学びの共同体研究所主催の研修セミナー、21日は栃木県足利市教育委員会主催の研修セミナー、23日は市内の全校で学びの共同体に取り組んでいる宮城県富谷市の研修セミナー、24日は奈良県天理市の人権教育研究会主催の学びの共同体セミナーに参加した。どのセミナーにおいても会場を埋め尽くす参加者があり、熱い息遣いの中に改革の希望を見出す日々だった。

この数年、教室からの改革、学校の内側からの改革は、新しいステージを迎えている。一言で表すと「学校教育の溶解現象（メルトダウン）」に対する抗いと言えるかもしれない。学力競争によるアカウンタビリティ政策、子どもの貧困率の増大、社会的文化的情緒的に不安定な児童・生徒の増加、窮乏化する学校予算、教師の多忙化、そして何よりも教えることと学ぶことの希望を失った教師たちと子どもたちと保護者たち。それらが複雑に絡み合って学校と教室のメルトダウンが進行している。この現実をどう克服するのか。日々の実践に希望を求めて、多くの教師たち、校長たち、教育行政の関係者たちが学びの共同体の改革に挑戦している。

なかでも韓国学びの共同体研究所主催のセミナーと北京師範大学学びの共同体研究所の研修セミナーは、東アジアという地政学から新しいステージを実感するものとなった。東アジア、特に中国、韓国、台湾は、日本以上に学びの共同体のヴィジョンと哲学と活動システムが関心を集め、活発に改革が進展している地域である。この地域では、私の著書が10冊近く翻訳出版され、それらはすべてベストセラーとなっている。なぜ、東アジアの地域において、学びの共同体の改革は熱狂的に受け入れられ、活発に推進されているのだろうか。その秘密は、グローバリゼーションによって「東アジア型教育」が崩壊し、新しい東アジア型モデルの教育が模索されていることと、日本を例外として、この地域の政治と社会と文化の民主化が教育を中心に粘り強く推進されていることにある。

「東アジア型教育」という用語は私が提示した概念だが、その特徴は「圧縮された近代化」にあり、①中央集権的効率性、②高い社会移動による競争の教育、③教育の民間依存、④公と私の分裂による公共性の未成熟、⑤強いナショナリズムを特徴としていた。この「東アジア型教育」が、この20年間（日本は30年間）、グローバリゼーションによって崩壊しつつある。特に「競争の教育」から「協同の教育」への転換は急務である。今なお産業主義化が急速に進行する中国においても、中学校、高校の教室では「メルトダウン」が現れ始め、机につっぷして学びから逃走する生徒たちが顕著になっている。韓国や台湾における授業と学びの「メルトダウン」は、受験競争が日本より激しかっただけに、いっそう深刻である。この教室の危機を克服する希望として、学びの共同体の改革は熱狂的ともいえる支持を獲得してきた。

韓国の熱い夏

今年（２０１７年）も韓国学びの共同体研究所主催の夏季セミナー（第８回）には、全国から１２００名の教師たちが集い、25の分科会において優れた実践事例を交流し協議する場となった。全体会で報告された三つの特別報告はいずれも圧巻だった。最初に報告した清州市スゴク中学校のキム校長は、生活保護世帯が最も多い地域の学校を「学びとケアの共同体」へと改革し、94％の生徒たちが協同的学びに希望を見出し、教師たち全員がこの改革に確信をもって挑戦している。私はこの清州市への訪問は3度目、16年前に世界比較教育学会で招待講演を行った時は学びの共同体の改革を行っていた学校は皆無であり、4年前に環境教育を中心に学習院大学の学生を連れて訪問した時も、わずかの教師しか改革に挑戦していなかった。それが、3年間で大規模なセミナーを開催するまでに変化した。セミナーの翌日、清州市教育局主催で、市内の校長と研究主任を対象とする講演会が行われたが、その会場には学びの共同体に挑戦している校長や研修担当教師が２００名以上参加した。

全体会の２人目の報告は、行政首都として開発が進む世宗《セジョン》市の女子中学校の改革事例

韓国学びの共同体夏季セミナーに参加した教師たち。

であった。この中学校は２０１６年に革新学校に指定され、「一人残らず学ぶ学校」を標語として学びの共同体の授業研究を中心として同僚性を築き上げてきた。その結果、生徒相互の「尊敬と信頼」および「学びの満足度」が著しく向上し、生徒たちは「正義と公正の社会建設」を求める市民へと成長したという。誰もが学びの主人公になる教室の民主化、一人残らず教師たちが専門家として成長し合う職場の民主化が改革の推進力になっている。

　全体会の最後の報告者は、今年退職した大邱《テグ》市の私立女子高校の女性教師、ウさんの報告だった。ウさんは「私の36年間の教師生活にとって学びの共同体は最後の選択であり、最良の選択だった」と語り始めた。

初任期から「授業を丁寧に」を信条として国語教師をつとめてきたが、10年ほど前から、いくら丁寧に授業を行っても生徒が反応しなくなり、懸命になればなるほど生徒から離れる自分がいて、何度も辞職しようと悩み抜いた末に学びの共同体と出会ったという。私自身、5年前にウさんの教室を訪問して授業を参観し、生徒たちの学び合いの素晴らしさに驚嘆したのだが、それまでにこれほどの苦悩があったとは想像していなかった。ウさんに「最良の選択」を行わせたのは、学びの共同体研究所長の孫于正《ソン・ウジョン》さんの講演であり、孫さんと一緒に訪問した日本の学びの共同体の学校であった。ウさんは、一人の教師で改革を推進する可能性について「倒れる木はあっても、倒れる森はない」という言葉で表現していた。

これら三つの報告を一貫しているのは、学びの共同体の改革の哲学と思想である。それが学校と教室の「メルトダウン」への抵抗線をかたちづくっている。

韓国の学校改革は新しいステージに突入している。韓国において学びの共同体の改革が飛躍的に拡大したのは、住民投票による教育監（教育長）選挙が開始された2007年であった。京畿道に最初の革新的教育監が誕生し、学びの共同体の改革をモデルとして「革新学校」のネットワークによる学校改革が着手された。その後、住民投票の選挙によって17人の教育監のうち13人が革新教育監になり、保守系2人の教育監も含む15人が「革新学校」において学びの共同体の改革を支援する状況が生まれた。しかし、近年は、その「革新学校」が変化し、小学校はさまざまなイベントによる「楽しい学校」づくり（レジャーランド化）、中学校、高校は地域への奉仕活動のイベントを中心とする学校へと変貌しつつある。厄介なことに、それらのイベントが「革新的」と思われている。来年は、教育監選挙の年であり、選挙を見越してメディア受けがして住民の人気を獲得する教育事業へと変貌しているのだろう。住民投票による教育監選挙のマイナスの結果である。ここでも学びの共同体の改革は、「革新」という名のもとにおける「教育のメルトダウン」に対抗する抵抗線になっている。

中国におけるネットワーク

韓国訪問の1週間後、北京市教育局のプロジェクト主催の講演会と北京師範大学学びの共同体研究所主催の研修セミナーに参加した。2016年10月に北京師範大学教師教育研究センターに学びの共同体研究所が創設され、2017年3月から全国各地の23の学校を拠点として学びの共同体のパイロット・スクールの建設が開始された。この夏の研修セミナーは、新たにパイロット・スクールの事業を開始した23の学校の代表者が集い、相互の実践交流を行う目的で開催された。1日目は、北京市豊台区の第五小学校の算数の授業、同じく豊台区の草橋小学校の算数の授業のビデオ記録による事例研究のグループ協議が行われ、2日目は、日本の小学校社会科、中学校社会科、小学校国語、小学校算数の授業実践の事例をもとに事例研究のグループ協議が行われた。いずれのセミナーも、当初50名から100名による集約的な研修を予定していたのだが、プロジェクト参加校だけで会場の収容人数を上回る200名近い校長と教師が参加する研修会となった。参加した23校は、改革を開始して1年未満であるが、どの学校も意欲的であり、しかも、着実な成果を示していた。

中国の教師たちの特徴は、哲学と理論が納得できれば、どんな困難な状況でも実践によって現実化するところにある。韓国の教師たちは「気」によって動き、中国の教師たちは「理」によって動き、日本の教師たちは「情」によって動く。中国における教育改革においては、それほど「理論」と「哲学」が重要なのである。

東アジアにおける各地の改革は、本年（2017年）10月、韓国で開催される第5回学びの共同体国際会議によって、世界各地の改革と交流しつながることとなる。それが今から愉しみである。

学びの共同体の中核としての民主主義

―第5回国際会議（韓国）レポート―

濃密な内容の心あたたまる報告

韓国慶尚南道昌原市で２０１７年10月20日、21日に開催された第５回学びの共同体国際会議は、これまでのどの会議よりも濃密で高度の議論が展開されただけでなく、心あたたまる思慮深い教育の見識が交流される場となった。今年度の参加者は、韓国、日本、イギリス、中国、台湾、インドネシア、タイ、ベトナム、フィリピンの９か国・地域３４０名であり、そのすべてが学びの共同体の改革を各国で推進している研究者と教師たちである。

会議のテーマは「学校と教室を民主化する（Democratizing Schools and Classrooms From Within）＝学びの共同体の挑戦」であった。民主主義という主題は、学びの共同体の授業改革と学校づくりにおいて中核的なテーマである。今回の国際会議では、この本質的論題をめぐって深い討議による実践的かつ理論的な探究が行われた。

　学びの共同体の改革は、日本において新自由主義による公教育の解体と授業の崩壊、子どもの学習権の剥奪、貧富の格差の拡大、アカウンタビリティ政策による教職の専門職性と自律性の危機に対抗して創発され、発展し、普及してきた。アジア諸国における爆発的普及も同様である。アジア諸国における学びの共同体の日本以上の爆発的普及の基盤には、最近20年間のアジア諸国における民主主義の発展と、新自由主義による公教育の危機の現実がある。その意味で、韓国で開催する国際会議として最適のテーマであっただけでなく、参加した各国の改革においても議論すべき必須のテーマであった。その予測と期待は的中した。

　最初の基調報告者であったイギリスのピート・ダドレイ（ケンブリッジ大学・世界授業研究学会＝WALS＝会長）は、ロンドン市ケンドン区において4年間組織してきた校長と教師たちの学びの共同体の実践を報告し、「専門家学習共同体」における民主主義の価値について、成功事例を踏まえた講演を行った。続くクリスティン・リー（シンガポール国立教育研究所、世界授業研究学会前会長）は、学びの共同体の改革において民主主義が機能する要石として「聴き合う関係・リスニング・ペダゴジー」の意義を再確認し、個性と共同性を同時追求する立場から「協同学習（collaborative learning）」と「協力学習

（cooperative learning）」との差異について提示した。さらに陳麗華（台湾・淡江大学）は、ジョン・デューイの民主主義哲学と学びの共同体の民主主義哲学との共通性と連続性を開示し、新北市において学びの共同体を推進する教師の実例をとおして、民主主義の実践の具体例を提示した。そのほか、于莉莉（北京師範大学）は中国における学びの共同体のネットワーク化の急速な進展について報告し、シリパルン・スワンモンカ（タイ・チュラロンコン大学）は、同大学の教育学科全スタッフによって推進してきた学びの共同体のネットワークにおけるスーパーバイザーの役割、孫于正《ソン・ウジョン》（韓国学びの共同体研究所長）は韓国各地の教師たちの民主的実践、スマール・ヘンダヤナ（インドネシア教育大学）は、学びの共同体の改革における校長のリーダーシップの在り方を事例に即して報告した。

プレナリー・シンポジウムにおいては、森田智幸（日本）、ワサン・プニャ（タイ）、コン・ハン（ベトナム）、ホアン・ケムジュ（韓国）、チューイ・リン（台湾）、永島孝嗣（日本）、鈴木亮（インドネシア）が、民主主義というテーマを「学びの主人公」「質の高い学び」「同僚性」「ジャンプの学び」などに具体化して実践事例に即して緻密に報告した。授業のＤＶＤ記録を含む四つの分科会の自由研究の発表と議論も同様だった。いずれの議論も高度で濃密であり、真摯なまなざしと熱気に包まれ、あっという間の２日間であった。

尊厳・信頼・互恵・共同—学びを支える四つの倫理—

学びの共同体の授業改革と学校づくりにおける民主主義は、「一人ひとりの学ぶ権利の実現、学びの尊厳と教職の尊厳の樹立」「学びと幸福追求権の結合」「子どもと教師一人ひとりが学びの主人公（protagonist）および主権者としての子どもと教師」「一人も一人にしない（No Child Alone）民主主義の共同体」「『第二の家庭』としての学校と教室、ケアの共同体」「民主的同僚性による専門家の自律性」に具体化されてきた。民主主義は「リベラリズム」「リベラル民主主義」「共和制民主主義」「社会民主主義」に大別することが可能だが、学びの共同体における民主主義は「社会民主主義（social democracy）」の理念と哲学を共有してきたと言ってよいだろう。

私は基調講演において、学びの共同体における民主主義の様相を「鳥の目（俯瞰的眺望・マクロ・レベル）」「トンボの目（複眼的視野・メゾ・レベル）」「蟻の目（接写・ミクロ・レベル）」で実例を含んで提示し、それらを支える倫理的規範について考察した。学びの共同体における民主主義は、「尊厳（dignity）」「信頼（trust）」「互恵（reciprocity）」「共同（community）」という四つの倫理的規範の追求として実践されている。学びの共同体において、民主主義は共同体と本来的に結びつき、聴き合う関係による対話的コミュニケーションによって多様な差異を越境する協同の学びを実現し、子どもと教師と親との信頼を樹立することにより学びの尊厳と教職の尊厳の確立を追求している。「尊厳」「信頼」「互恵」「共同」の倫理規範の探求が、その実践を貫いているのである。

提案授業と授業協議会

会議の一環として、ボンミョン中学校においてパク・エウンジュ教諭による「圧力と体積」（科学1年）の提案授業、同校教師による授業協議会、それに国際会議参加者による参観とコメントの交流が行われた。

提案授業に先立って、ボンミョン中学校の全クラスの授業が公開された。同校は低所得層の生徒たちを擁する学校であり、4年前に学びの共同体の改革を導入する以前は、数々の問題が多発し、学びから逃走する生徒たちが絶えなかったという。その学校が劇的な変化をとげていた。コの字型の机と男女4人の協同的学び、および共有の学びとジャンプの学びのデザインにより、どの教室においても一人残らず学びに専念し、援助し合い高まり合う生徒たちの姿とそれを細やかに支え促進する教師たちの姿がまぶしかった。「学校紹

ボンミョン中学校における「科学」の公開授業。

介」として校長に続いて、５人の生徒たちが英語で同校の学びの紹介を行ったが、そのプレゼンテーションは、内容的にも英語のプレゼンテーションとしても中学生とは思えないほど秀逸であり、海外からの参加者たちを驚嘆させた。

約３００人の参観者に囲まれて行われた提案授業は、同校の授業実践の質の高さと韓国における学びの共同体の到達点を示すものとなった。授業者のパクさんは穏やかな誠実さを言葉と身体で体現し、その真摯で細やかな対応が、生徒たち一人ひとりの個性的輪郭がはっきりした探究的で協同的な学びを実現していた。

パクさんはまず圧力シリンダーに風船を入れて圧力と体積の関係の興味を喚起し、

ただちに空気を圧縮する器具と圧力計をグループごとに配って、圧力の変化によって空気の体積がどう変化するかの測定を行わせた。測定値を一覧にまとめてグラフを作成する課題である。グループ学習による実験と測定が終わると、「圧力と体積の関係」の法則（圧力×体積は一定つまり両者は逆比例＝ボイルの法則）の発見と定式化が行われた。

続いてジャンプの課題である。ダイバーが10メートル潜水するごとに1気圧が増すとすると、ダイバーの肺の空気は潜水の深さ（20メートルから45メートル）によってどう変化するか、その変化の原因は何か、という課題である。ボイルの法則の応用問題であり、学びに困難を抱えている生徒たちが、それまで以上に夢中になって探究し合っている姿が印象的であった。

同校の教師全員による授業協議会も圧巻だった。限られた時間にもかかわらず、23人の生徒たちの学びの実相が一人残らず詳細に報告され、パク先生の対応の細やかさと的確さが学ばれていた。同校の実践と研究の質の高さが実感できる協議会であった。

授業実践は教師の「共通言語」

国際会議を終えるにあたって、6年前に第1回の国際会議を学習院大学で開催した直後の夕食会で、今回の韓国実行委員会の事務局長をつとめたホアンさんが語った言葉を思い起こした。研究者の交流から教師たちの交流へと拡大する際の「言語の問題」について憂慮する私の発言に対してホアンさんは、「佐藤先生、教師の言葉は『授業』ですよ。『授業』は国境を超えた教室の共通言語です」と強く主張した。そのとおりである。このホアンさんの言葉に促されて、今回まで国際会議は毎年継続してきた。そして、年々その内容は深まり、今年の会議は、その頂点に達している。

会議の終わりに、来年度の国際会議（第6回）を中国福建省の福建師範大学において11月に開催することを報告した。福建省では、福建師範大学の余文森教授を中心に3年前から学びの共同体のパイロット・スクールが続々と誕生し、それらの学校の圧倒的成功によって省政府は来年度から省内の小中学校のすべてを学びの共同体に改革する政策を決定した。その大きな改革のうねりの中で、次年度の国際会議は開催されることとなる。今後の各国における進展を期待したい。

〈初出〉『総合教育技術』２０１５年４月号〜２０１８年３月号

あとがき

「学びの共同体」の改革を提唱して35年、最初のパイロット・スクールが誕生して20年になる。その間、訪問した学校は国内で約3千校、海外32か国・地域の500校に達している。しかし、今もって学校と授業の改革の難しさを日々痛感せずにはいられない。学校を変える、授業を変えることは、それが可能と思っている人は達成できず、不可能に近いことを認識した人だけが達成できる難事業である。にもかかわらず、改革を持続してこられたのは、改革が創り出す子どもの学びと教師の成長の事実に励まし続けられてきたからにほかならない。それほど学びの共同体の教室が創出する事実はどんな困難も凌駕する希望に充ちている。

本書は、2015年4月号から2018年3月号まで『総合教育技術』に連載した「学びの共同体の挑戦」を収録している。この3年間、さまざまな出来事があった。第一は改革の緩やかな拡大である。3年間で、それまで挑戦する学校が少なかった地域においても多くのパイロット・スクールが誕生した。今なお東京都心部、大阪市内、いくつかの政令指定都市、北海道、北陸など、改革の浸透が不十分な地域もあるが、ほぼ全国の各地域でネットワークが形成され、年間に開催される公開研究会は1千回を超えている。第二は授業と学びの質の発展である。本書で紹介したように、学びの共同体は「探究の共同体」として著しい発展をとげつつある。「ジャンプの学び」と「真正の学び」の追求と教師たちの「デザイン」と「リフレクション」の向上が、この発展を支えている。第三は、国際的ネットワークの発展である。私の著書は10か国語に翻訳出版され、2014年に開始した国際会議も今年6回目を迎えている。学びの共同体の改革は、グローバリゼーションの進行とともに国際的にも新しいステージを迎えつつある。本書は、この三つの特徴的な進展を学校と教室の事実にもとづいて描出している。

学びの共同体の改革は、一人残らず子どもを学びの主権者として育て上げて探究的で協同的な学びを教室に実現し、専門家としての教師の自律性と同僚性を校内に築き上げる改革を推進してきた。アクティブ・ラーニングによる授業と学びの改革が展開する現在、学びの共同体の改革はそのフロンティアとして最先端を切り拓く使命を担っている。本書が、その道しるべとなることを願っている。最後に、本書で紹介した学校の教師たちと子どもたち、そして本書の編集に心を砕いていただいた小学館の小笠原喜一さんに心からの謝意を記したい。

２０１８年６月20日　　著者

著者紹介

佐藤 学

1951 年広島県生まれ。教育学博士、学習院大学特任教授、東京大学名誉教授。三重大学教育学部助教授、東京大学教育学部助教授、東京大学大学院教育学研究科教授を経て現職。アメリカ教育学会名誉会員、全米教育アカデミー会員。日本教育学会元会長、日本学術会議第一部元部長。

〈主な著書〉

『教師たちの挑戦―授業を創る 学びが変わる』『学校の挑戦―学びの共同体を創る』『教師花伝書―専門家として成長するために』『学校見聞録―学びの共同体の実践』『学び合う教室・育ち合う学校～学びの共同体の改革』（以上 小学館）『カリキュラムの批評―公共性の再構築へ』『教師というアポリア―反省的実践へ』『学びの快楽―ダイアローグへ』（以上 世織書房）『教育方法学』『授業研究入門』（稲垣忠彦との共著）『専門家として教師を育てる』（以上 岩波書店）『学校改革の哲学』（東京大学出版会）ほか、多数。

学びの共同体の挑戦
―改革の現在―

2018 年 8 月 1 日 初版第 1 刷発行

著者 佐藤 学

発行人 杉本 隆
発行所 株式会社 小学館
〒 101-8001 東京都千代田区一ツ橋 2-3-1
電話 編集 03-3230-5548
販売 03-5281-3555
印刷所 大日本印刷株式会社
製本所 株式会社若林製本工場

Printed in Japan ISBN978-4-09-840194-9
